河北省省级科技计划（科普专项）资助　项目编号 23557601K

食品安全之食品标签解读与鉴别

◎ 呼娜 著

中国农业科学技术出版社

图书在版编目（CIP）数据

食品安全之食品标签解读与鉴别 / 呼娜著. -- 北京：中国农业科学技术出版社，2025.2. -- ISBN 978-7-5116-7247-6

Ⅰ.F768.205

中国国家版本馆CIP数据核字第2025WT4435号

责任编辑　施睿佳
责任校对　王　彦
责任印制　姜义伟　王思文

出 版 者	中国农业科学技术出版社
	北京市中关村南大街12号　　邮编：100081
电　　话	（010）82106631（编辑室）　（010）82106624（发行部）
	（010）82109709（读者服务部）
网　　址	https:// castp.caas.cn
经 销 者	各地新华书店
印 刷 者	北京中科印刷有限公司
开　　本	170 mm×240 mm　1/16
印　　张	10.25
字　　数	170千字
版　　次	2025年2月第1版　2025年2月第1次印刷
定　　价	68.00元

版权所有·侵权必究

资助单位

本图书由河北省省级科技计划（科普专项）资助，项目编号 23557601K；并在石家庄学院、河北中医药大学、黑龙江飞鹤乳业有限公司共同支持下完成。

《食品安全之食品标签解读与鉴别》
著者名单

主 著：呼 娜

著 者：唐洁栩　孟繁桐　李路宁

序

当您选择翻开这本书，您一定是位热爱生活、向往美好的人，希望这本书能给您带来更多美好，让您更加爱食物、爱生活、爱家人。

——送给选择本书的您

"饮食健康"不仅关乎社会民众的福祉，更是国家和政府高度重视的领域。近年来，我国通过制定相关政策、强化监管措施、推广健康知识等手段，努力为民众营造一个科学、安全、健康的饮食环境。

2016年国务院印发《"健康中国2030"规划纲要》；2017年党的十九大报告中提出"实施健康中国战略"；2019年国家卫生健康委员会发布《健康中国行动（2019—2030年）》；2022年国务院办公厅印发《"十四五"国民健康规划》；2024年中国营养学会发布《中国学龄儿童膳食指南（2022）》；2024年中国老年学和老年医学学会发布《老年营养食品通则》；此外，中国营养学会分别于1997年、2007年、2016年、2022年先后对《中国居民膳食指南》进行了4次深度修订。这些重要举措是国家高度重视"饮食健康"的具体体现，同时也彰显了政府近年来在"饮食健康"领域持续发力，不断推动其健康发展。

在这个信息爆炸的时代，我们每天接触到的各种各样的食品，会以精美绝伦的包装和创意满满的宣传语吸引我们的目光。然而，在这光鲜亮丽的背后，食品标签作为食品信息的直接载体，却常常被很多人所忽视。正是这份忽视，可能让我们在追求美味与便利的同时，不经意间踏入了健康隐患的雷区。

为了揭开食品标签的神秘面纱，共筑健康饮食的坚固防线，《食品安全之食品标签解读与鉴别》这本科普图书应运而生。这不仅是一本关于如何读懂食品

标签的指南，更是一本引导我们学会理性选择、科学饮食的实用手册，让我们在纷繁复杂的食品市场中，能够做出更加明智、健康的选择。本书主要由以下几个部分构成。

第一部分"小小食品标签　也可博古通今"。介绍食品标签的基本概况，包括其起源及发展，对广大消费者和生产企业的重要意义及现阶段国内外法规监管概况等，让读者了解食品标签的前世今生，感受食品标签的发展，以及其为健康生活带来的便利。

第二部分"识'食物标签'者为俊杰"。围绕大众"安全、健康和营养"的饮食理念，选取日常生活中常见的七大类食品，包括食用农产品、散装食品和现制现售食品、预包装食品、特殊功能食品、婴幼儿食品、药食同源产品和国外膳食补充剂，以科学、易懂的方式介绍各类食品标签细节及所传递的信息，指导读者正确认识食品标签，倡导科学引领健康生活。

第三部分"乱花渐欲迷人眼　标签切勿想当然"。聚焦当前食品标签乱象"随意标注、虚假宣传、偷换概念、引诱误导"等热点问题，选取"0蔗糖"不是"0糖"、"不添加"≠"不含有"、"无""不含""低""含有""高""富含"暗藏玄机、"酿造、勾兑酒巧识别"等典型案例，从原理到意图，再到其对社会和公众的危害，深入浅出地剖析食品标签的种种陷阱，让读者科学辨别食品标签，理性看待"拉满滤镜"的食品宣传。

第四部分"一老一小　营养先行"。针对老年人和儿童这"一老一小"特殊群体，围绕健康膳食、营养保健等方面，介绍食品中一些重要的营养素及概念，如高蛋白、高钙、钙补充剂、低钠、低反式脂肪酸等，向读者介绍如何利用食品标签来甄别选择优质食品。

第五部分"科技改变标签　未来可期"。基于近两年食品标签的发展情况和现状，对食品标签的部分创新应用进行介绍，包含新技术、新材料、多功能标签、AI智能标签等，同时，对未来食品标签发展趋势进行展望与畅想，向读者呈现食品标签科技革命；对青少年读者，激发其对未来食品新发展、新科技的探索兴趣。

作为食品营养工作者，作者团队努力将健康信息传递给读者，让读者在关注食品标签的同时，学习运用这些信息为选购食品带来安全和便利。

愿选择本书的每位读者，始于书名，阅于兴趣，乐于查阅，久于内心。希望这本书能够成为一把钥匙，为读者开启更多美好、健康之门。愿每个人都能拥有一本好书、一份美食、一生健康。

对在本书形成之初给予指导和支持的专家和朋友，在此特别表示感谢！

作　者
2024年11月

目　录

1　小小食品标签　也可博古通今 ……………………………………… 1
1.1　食品标签的重要地位及意义 …………………………………… 3
1.2　食品标签的起源及发展 ………………………………………… 5
1.3　国内外食品标签管理概况 ……………………………………… 7

2　识"食物标签"者为俊杰 …………………………………………… 13
2.1　食用农产品——你几乎每天都会吃的食品 …………………… 15
2.2　散装食品和现制现售食品——舌尖上的美食常客 …………… 18
2.3　预包装食品——日常被购买的主力军 ………………………… 20
2.4　特殊功能食品——特殊膳食用食品vs保健品 ………………… 24
2.5　婴幼儿食品——美好的人生初涉 ……………………………… 28
2.6　药食同源产品——食物药物，物物相通 ……………………… 33
2.7　国外膳食补充剂——非"中国制造"的保健品洋货 ………… 36

3　乱花渐欲迷人眼　标签切勿想当然 ………………………………… 41
3.1　外行看广告，好！内行看门道，跑！ ………………………… 43
3.2　越奇特的名称越像诱捕昆虫的锦地罗 ………………………… 46
3.3　"0蔗糖"不是"0糖" …………………………………………… 48
3.4　"不添加"≠"不含有" ………………………………………… 52
3.5　关注配料表前三位"重量级人物" …………………………… 56
3.6　学会数理化（算含量），走遍超市都不怕 …………………… 59

- 3.7 "无""不含""低""含有""高""富含"暗藏玄机 …………… 63
- 3.8 分清"有机""绿色""合格" …………………………… 68
- 3.9 朋友们，把好酒端上来吧 ………………………………… 71
- 3.10 请摘下看食品添加剂的"有色眼镜" …………………… 74
- 3.11 买饮料前一定要人间清醒 ……………………………… 80
- 3.12 保质期和保存期，别傻傻分不清 ……………………… 84
- 3.13 调料繁多？门道更多！ ………………………………… 87
- 3.14 你的购物车里有转基因食品吗？ ……………………… 92

4 一老一小　营养先行 …………………………………………… 97

- 4.1 余生请多爱高蛋白质食品 ……………………………… 99
- 4.2 警惕过量摄入精制碳水 ………………………………… 103
- 4.3 标签上的"第七类营养素"——膳食纤维 …………… 106
- 4.4 一老一小　钙不能少 …………………………………… 109
- 4.5 甜食表示：拒绝背锅龋齿 ……………………………… 112
- 4.6 再提木糖醇就OUT了，你该选择低GI食品！ ……… 115
- 4.7 警惕隐形"高钠"食物 ………………………………… 118
- 4.8 再不看反式脂肪酸，血脂就上来了 …………………… 121
- 4.9 慧眼识婴幼儿口粮，做"硬核"爸妈 ………………… 125
- 4.10 新"食"代，保健食品知多少？ ……………………… 129
- 4.11 食品打上"儿童"标签，就一定安全吗？ …………… 131

5 科技改变标签　未来可期 ……………………………………… 135

- 5.1 新材料——标签眼界触感双享受 ……………………… 137
- 5.2 新媒体——标签也许不再劳烦眼 ……………………… 139
- 5.3 新设备——标签智能AI与个性化定制 ………………… 142
- 5.4 新变革——助力食品安全　给标签打上科技"烙印" … 144
- 5.5 新分级——营养分级引领健康 ………………………… 147

小小食品标签　也可博古通今

1.1 食品标签的重要地位及意义

你是否因好奇食品标签而对其进行过检索（图1）？如果我问你什么是食品标签，你也许会说，不就是食品包装上的字嘛。可若仅是这样，笔者就没必要大费周章地给大家讲解了。事实上，小小标签也是能量十足的"重量级人物"，拥有极为重要的地位、价值以及社会意义。

图1　检索食品标签

《食品安全国家标准　预包装食品标签通则》（GB 7718—2011）中对食品标签定义是"食品包装上的文字、图形、符号及一切说明物"（图2）。标签的作用是标志产品目标和分类内容，一般都是在包装材料上印有包装内容、产品所包含的主要配料、营养成分、品牌标志、产品质量等级、生产信息、生产日期和有效期、使用方法等一系列文字信息。

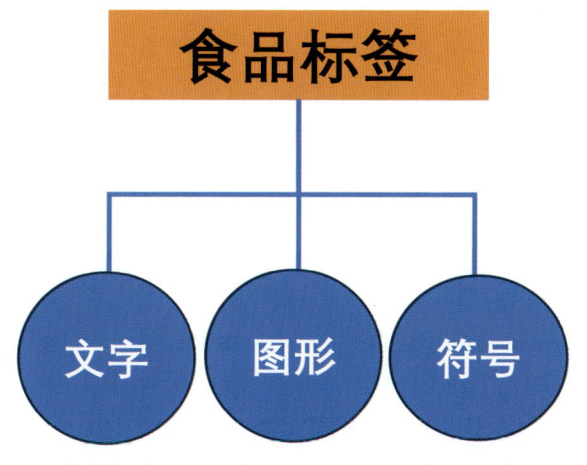

图2　食品包装上的文字、图形、符号等都属于食品标签

食品标签有相关的基本原则和标注要求：首先，其内容不得以错误的、引起误解的或欺骗性的方式描述或介绍食品，也不得以直接或间接暗示性的语言、图形、符号引导消费者将食品或食品的某一性质与另一产品混淆；其次，食品标签的一切内容，也不得在流通环节中变得模糊甚至脱落；此外，食品标签的所有内容，必须符合国家法律和法规的规定，并符合相应产品标准的规定。所以，食品标签的所有内容，必须通俗易懂、准确、科学。因为在大众的潜意识里，包装上信息是正确的、能看懂的、准确的。标签在食品这个行业中非常重要，每一款标签每天都要秉持严于律己和完美无瑕的姿态迎接它的消费者们（图3）。

图3 超市中的各类食品标签

一则，食品标签的推广使用对于消费者有着重大的意义，它已经逐渐成为消费者合理搭配健康饮食的工具。

有人将食品标签比喻为食品的一张"身份证"，倒也贴切。一方面，作为向消费者传达食品相关信息的重要输出口，标签像是食品制造企业对外的一扇窗口，更是和消费者之间交流的媒介，应该真实、全面、清晰地反映食品的内在品质。而且正确有效的食品标签不仅能够为消费者选择购买食品提供信息，还可以通过影响消费者的购物习惯，对公共健康和科普宣传起到辅助作用。另一方面，食品标签不仅仅是输出口，更是依法保护消费者合法权益的重要途径。消费者可以通过标签信息了解产品的属性及营养信息，而监管部门也会通过标签对产品合规性及产品质量进行确认。因此在这一层面，食品标签也是生产者和消费者之间的买卖合同。

二则，对于生产企业或品牌商来说，食品标签的推广同样有着重大的意义。

一方面，在食品标签上明示的信息同样便于生产企业维护自身的合法权益，避免与职业打假人的交锋。超过标签上明示的保质期限，或消费者未按标签上标示的贮存条件贮存食品而出现问题，食品生产经营者不再承担责任。此外，生产企业可以通过标签上的信息让更多人看到，提高企业知名度，进而有机会进行更多的招商引资。另一方面，品牌商们可以更好地加强品牌的传播和认知度。与竞争对手保持距离，以保护原有的品牌形象，或树立新形象，创造企业优势、产品优势和竞争优势。一些著名的企业，消费者仅通过标签的风格就可以从陈列货架上识别出其产品，甚至识别出不同品种的信息。而一款成功的有吸引力的标签，更能强有力地促进销售。因为标签是展示产品最好的广告手段之一。好的食品标签除了向消费者说明产品外，还是食品生产经营企业展示产品特性、宣传企业形象的最佳途径之一。

因此，食品标签的应用拥有举足轻重的地位。而作为消费者的我们在正视食品标签的同时，也要学习如何运用这些信息，给自己的选购带来便利性和安全性。

1.2 食品标签的起源及发展

在语法中的并列结构中，包装这个词算是个典型。包，亦为包裹、承载，即保护；装，亦为装点、修饰，即为美化。若打开《新华字典》或百度百科，它们就会告诉我们什么是"包装"：为在流通过程中保护商品，方便储运，促进销售，按一定的技术方法所用的容器、材料和辅助物等的总体名称。

而对于食品这类"入口"的商品，简单描述它的包装，应该包括形状、颜色、商标或品牌、文字、图案、材料、造型等要素，主要起到物理及安全防护、触感体验、视觉营销、信息传达等作用。因为包装除了有包裹盒承装的功能外，还负责对食品进行解释、修饰、推广，从而使食品获得受众的青睐。

在食品包装的组成要素中，我们获得的最大信息量来源于食品标签。一般都是在包装材料上印有一系列文字信息。那既然是文字信息，就必然需要载体。目前我们看到的食品标签信息，大部分会印刷在塑料袋、塑料瓶、纸质袋、纸盒、纸箱、布料、玻璃、陶瓷，甚至印刷在金属材质上。

但是食品标签的发展，并没有我们现在看到的那么简单，更没有想象中的那么浅显。最早食品标签是没有载体的，没有纸也更别说塑料了，因为在古代，纸质是比较高档的奢侈品。若是论食品标签发展历史的话，故事还要从人类早期可以售卖食品讲起。当人类开始出现价值交换，不论是物换物还是钱换物，当所换对象是食品时，其包装大部分使用的是植物的叶子或者植物的原始纤维。中国在公元前1世纪或2世纪,就开始使用处理过的桑树皮来包装食物。随着历史的推移和商业的兴起,人们已经不能满足朴素的包装形式。直到公元835年唐文宗时期才开始使用纸包装,并开始在包装上作画写字,附上一些极为简单的信息,但也就是这一改变,才让标签出现在了最初的食品包装载体上。从此,食品标签真正开始流行,载体的种类渐渐丰富,并且标签的形式也逐渐随着人类工业化的进步而得到提升,比如印刷的出现。大约在1 700年,欧洲印制出了用在药品和布匹上作为商品识别的第一批标签。渐渐地,通过人类不懈地改革,才形成了现在令人眼花缭乱、琳琅满目的标签。

斗转星移几千年后,随着消费者对预制产品的需求提高,公众对详细生产的要求也随之增加。但与此同时也滋生了标签乱象,商业体的发达让一些为了谋求高销量的制造商,把标签上的信息变得渐渐失真,大多数信息都是有误导性的,或者缺乏深入详细的研究支持。各个国家内,人们各种抱怨及投诉接踵而至。这时,监管就变得极为重要了。最早进行标签改革的是美国,1969年在白宫举行的食品营养与健康会议中,建议美国食品药品监督管理局(FDA)考虑开发一种半鼓励体系。食品制造商提供有关所售产品的真实营养信息,帮助消费者识别营养成分和含量,让他们能够遵循建议的健康饮食方案。由此,许多食品公司在添加营养信息的同时,也开始在包装上增加了各种有益健康的声明,1973年,关于虚假健康声明的案件诉讼到了美国最高法院。法院最后裁定,所有标有低脂肪、降低胆固醇,或有益心脏健康的食品,都应详细标明健康信息。此外,任何标明可预防或治愈特定疾病的食品,都会被视为非法药物。1990年,FDA终于通过了《营养标签和教育法》,标准化了营养成分版面、分量和诸如低脂、清淡、少糖等术语,包含卡路里、脂肪、胆固醇、钠、碳水化合物、蛋白质等含量,以及某些维生素和矿物质的信息。这几乎就是我们今天所熟知的营养标签(图4)。

随着营养科学的不断进步以及公众需求的增加,FDA要求的食品标识越发丰富。例如,2003年开始要求食品标签中必须包含反

图4　生牛乳营养成分表

式脂肪的含量。迫于压力，经销商开始更改食品配方，以减少或消除食品中的反式脂肪。在世界范围内食品标签的推广也是稳中有序。根据2004年的世界卫生组织（WHO）报告，54个国家和地区制定了营养标签法规，其中10个国家是强制实施的。我国也在2008年发布了首个《中国食品营养标签管理规范》，在这项规范生效之前，食品营养标签是由制造商自愿提供的。

食品标签的起源及发展可以说是世界食品信息时代的起源，是关于如何标记食品的历史。通过国家监管部门、市场利益方以及消费者这三方的不断博弈磨合，来塑造并逐渐树立消费者对饮食和个人健康责任正确、科学的观念。

1.3 国内外食品标签管理概况

随着全球经济一体化的不断发展，我国与世界各国经济贸易联系日益密切，尤其是与各国人民生活息息相关的食品贸易在国际贸易中占有重要地位。比如，现在的消费者会直接通过手机逛各种各样的国际商场，人们称之为"海淘"，让国内消费者有了更多食品种类的选择。然而，人们对食品安全、营养、健康要求日益提高，对食品标签重视程度也不断提高，由此引发的贸易纠纷、产生的贸易壁垒也成为影响世界食品贸易的一个不容忽视的问题。因此，对进出口企业来说，了解进出口国家的食品安全法规至关重要；对普通消费者来说，了解国内外食品标签法规，有利于合理选购所需食品。

1.3.1 国内食品标签标准法规

为规范食品标签，正确指导消费，保护消费者安全，引导行业健康发展，我国发布了《中华人民共和国标准化法》《中华人民共和国产品质量法》《中华人民共和国食品卫生法》《中华人民共和国反不正当竞争法》《中华人民共和国消费者权益保护法》《中华人民共和国商标法》《产品标识标注规定》[①]

---

① 已于2014年7月废止。

等法律法规，以及《食品安全国家标准　预包装食品标签通则》（GB 7718—2004）[①]、《预包装饮料酒标签通则》（GB 10344—2005）[②]和《预包装特殊膳食用食品标签通则》（GB 13432—2004）[③]等国家标准，逐步健全完善了我国食品标签法律法规与标准体系，有效地推进了食品标签监督管理工作的法制化。值得注意的是，在本书编写接近尾声时，国家卫生健康委员会就《食品安全国家标准　预包装食品标签通则》（征求意见稿）（GB 7718）对外公开征求意见，这些修订反映了我国食品安全标准日益严格和细致的趋势，显示了政府在保障公众健康和食品安全方面的决心和努力。

1.3.2　国际食品标签法规标准

国际两大食品标签标准体系是ISO食品标签标准体系（图5）和CAC食品标签标准体系。其中，ISO的系列标准由ISO TC34农产品及食品类标准组成，国际食品法典委员会（CAC）的宗旨是通过建立国际协调一致的食品标准体系来保护消费者健康，促进食品公平贸易。考虑到各国食品标签法规标准的差异会造成食品国际贸易壁垒，CAC专门成立了食品标签法规委员会（CCFL/CAC），主要职责是起草适用于所有食品的标签规定；审议、修改并通过由各专业商品分委员会起草的标准、业务守则和准则中所拟定的具体标签规定草案；研究CAC指定的具体标签问题；研究食品广告问题，特别涉及索赔和误导说明的食品广告问题。这些规范文件起到了协调和推动各国食品标签法规大体趋于一致的积极作用。

图5　ISO9000产品质量管理体系标准和ISO22000食品安全管理体系标准

---

① 现已被《食品安全国家标准　预包装食品标签通则》（GB 7718—2011）代替。
② 该标准已于2015年3月1日废止。
③ 现已被《食品安全国家标准　预包装特殊膳食食品标签》（GB 13432—2013）代替。

1.3.3　欧盟食品标签标准法规

欧盟食品标签标准法规采取两种立法体系，一种是规定各种食品标签共同内容的体系，如食品标签通用规定、食品标签价格规定和食品标签营养标识规定等内容的法规；另一种则是规定各种特定食品标签内容的体系，如关于巧克力、葡萄酒等不同食品标签的法规。欧盟食品安全局标志如图6所示。

图6　欧盟食品安全局标志

1.3.4　美国食品标签标准法规

美国政府一直高度重视食品标签标识管理，最大限度保障本国消费者饮食健康和安全，美国食品药品监督管理局标志如图7所示。营养标签是美国食品标签法的重要内容，为强制性标注。为向消费者提供充分的食品营养成分信息，指导消费者健康安全饮食，美国对有机食品实行标签制度，要求经批准、认证的有机程度达到或超过95%的食品，必须加贴英文"organic"（"有机"）、"USDA"（"美国农业部"）字样的绿色圆形标记；在食品标签问题上，美国是全球食品标签法规最完备、严谨的国家之一，且率先实施了食品营养标签制度，食品企业一旦违反相关法规，便会面临严厉处罚和高额罚款。

图7　美国食品药品监督管理局标志

表1为部分国家/组织的食品标签法规执行依据。

表1 不同国家/组织标签法规执行依据

国家/组织	相关标签法规	备注
中国	《中华人民共和国食品安全法》 《中华人民共和国产品质量法》 《食品标识管理规定》 《食品安全国家标准 预包装食品标签通则》（GB 7718—2011） 《食品安全国家标准 预包装食品营养标签通则》（GB 28050—2011） 《食品安全国家标准 预包装特殊膳食用食品标签》（GB 13432—2013） 《食品安全国家标准 食品添加剂标签标识通则》（GB 29924—2013） 《农产品包装和标识管理办法》	
国际食品法典委员会（CAC）	《营养标签法典准则》 《营养声明使用准则》 《预包装特殊膳食用食品标签声明的通用标准》	
欧盟	《欧盟食品标签法规》［Regulation（EU）No. 1169/2011］ 《食品营养和健康声称》［（EC）No. 1924/2006］ 《就特殊医学用途食品的具体成分和信息要求制定欧洲议会和理事会条例补充条例》［（EU）No. 2016/128］	
欧亚经济联盟	《食品标签》（TR CU 022/2011）	
美国	《公平包装和标签法案》（FPLA） 《联邦食品、药品和化妆品法案》（FDCA） 《营养标签与教育法案》（NLEA） 《食品致敏原标识及消费者保护法案》（FALCPA） 《食品标签》（21 CFR PART 101） 《标注转基因GMO食品的规定》 《食品标签指南》 《美国联邦法规》（Code of Federal Regulations）	
加拿大	《加拿大食品安全条例》 《加拿大食品药品条例》 《消费品包装和标签法》	
澳大利亚、新西兰	《澳新食品标准法典》 《原产地食品标签信息标准2016》	
日本	《食品标示法》 《营养改善法》（No. 248）	

（续表）

国家/组织	相关标签法规	备注
韩国	《食品等的标示、广告相关法律》及其实施令实施规则 《食品等的标示标准》	
印度	《食品安全和标准（标签和展示）条例2020》	
马来西亚	《食品条例1985》	
新加坡	《食品条例》 《食品标签和广告指南》	
印度尼西亚	《加工食品标签规定》 《加工食品标签上营养价值信息规定》 《加工食品标签和广告的声称监管》	
越南	《商品标签法规》	
缅甸	《食品工业最低要求》 《预包装食品标签标识指令》	

因此，加强对国内外食品标签标准法规的认识，对保障我国消费者权益和促进食品出口意义重大。

识"食物标签"者为俊杰

识"食物标签"者为俊杰 **2**

2.1 食用农产品——你几乎每天都会吃的食品

在农业中生产的物品就是农产品，它们能为人们提供所需的能量和多样化的营养成分，是人们每日餐桌上美食的最主要来源。我们的生活都离不开农产品，因为粮油、蔬菜、水果、畜禽、水产品等食用农产品是人类社会生存和发展的基础。然而，随着社会的进步，人们对农产品的要求越来越高，不仅仅是数量上的满足，更多关心的是农产品质量安全。因此，了解食用农产品的定义、范围、销售资质、包装及标签要求等知识，对于保障消费者的健康和权益至关重要。

农产品的范围很广，可按不同标准进行分类。如按传统和习惯一般把农产品分为粮油、果蔬、花卉、林产品、畜禽产品、水产品和其他农副产品七大类。《中华人民共和国农产品质量安全法》所称的农产品是指来源于种植业、林业、畜牧业和渔业等的初级产品，即在农业活动中获得的植物、动物、微生物及其产品。在经过分拣、去皮、剥壳、干燥、粉碎、清洗、切割、冷冻、打蜡、分级、包装等简单加工后，并没有改变这些农产品的基本自然性状和化学性质，如大米、鱼、蜂蜜、苹果等。这就给出了一个明确的与其他食品（如经过加工的现制现售食品、预包装食品、婴幼儿食品等）的区分指导。

此外，《中华人民共和国食品安全法》（以下简称《食品安全法》）明确规定，国家对食品生产经营实行许可制度。销售食用农产品，不需要取得许可；但以食用农产品作为原料进行食品生产的，应当取得食品生产许可证。因此，可以通过有无标签或者标签上的信息来区分食品与食用农产品。本节介绍如何识别包括进口食用农产品在内的包装标签标示。

（1）获得绿色食品、有机农产品等认证的食用农产品以及省级以上农业行政部门规定的其他需要包装销售的食用农产品会强制进行包装及标签标示（图8），并标注相应标志的发证机构，鲜活畜、禽、水产品等除外。

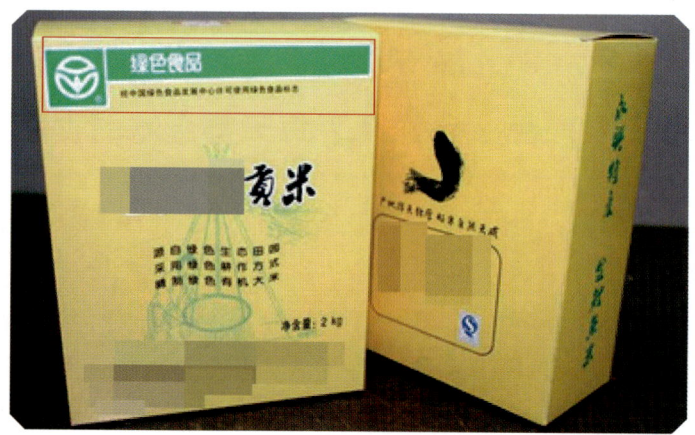

图8 绿色食品标签

此外,食用农产品在包装或者标签上应当标注食用农产品名称、产地、生产者、生产日期等内容;对保质期和储存条件有要求的,都会予以标明;有分级标准或者使用食品添加剂的,也会标明产品质量等级或者食品添加剂名称(图9)。除必须要标示的信息,销售者可以自行决定增加标示的内容。

 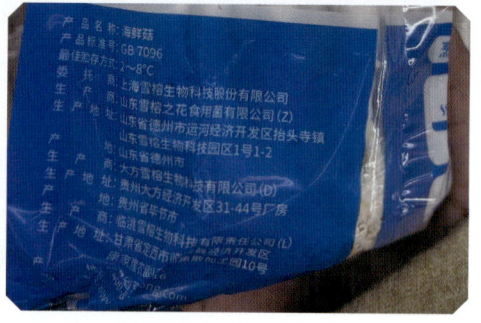

图9 食用农产品标签

（2）销售其他食用农产品可以不进行包装及标签标示。销售未包装的食用农产品会在摊位（柜台）明显位置如实公布食用农产品名称、产地、生产者或销售者名称等信息（图10）。有的会采取附加标签、标示带、说明书等方式标明食用农产品名称、产地、生产者或销售者名称、保存条件以及最佳食用期等内容。

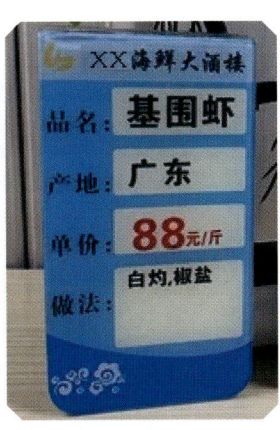

图10　未包装食用农产品相关信息标注

进口的食用农产品包装或者标签也应当同时符合我国法律法规以及相关标准的规定和要求，并载明原产地，境内代理商的名称、地址、联系方式。分装销售的进口食用农产品，一定会在包装上保留原进口食用农产品全部信息以及分装企业、分装时间、地点、保质期等信息（图11）。此外，进口鲜冻肉类产品的包装应标明产品名称、原产国（地区）、生产企业名称和地址、企业注册号、生产批号；外包装上应当以中文标明规格、产地、目的地、生产日期、保质期、储存温度等内容。

图11　分装销售的进口食用农产品标签

食用农产品的质量安全直接关系到人们的身体健康和生命安全。这就需要企业在生产、加工、包装、标签、储存、运输和销售等环节中，必须遵守国家相关法律法规和标准的规定。同时，消费者也应当增强食品安全意识，选择有资质的销售者和符合包装、标签要求的产品，保障自身的健康和权益。

2.2 散装食品和现制现售食品——舌尖上的美食常客

2.2.1 散装食品

散装食品又称"裸装"食品，指无预先定量包装、需称重销售的食品，包括无包装和非定量包装的食品、食品原料及加工半成品，但不包括新鲜果蔬、需清洗后加工的原粮、鲜冻畜禽产品和水产品等。

散装食品的市场份额几乎占全部食品的半数以上，如粮食、干果、酒类、调味品等。尤其在经济欠发达地区，它占据食品销售很大比例。比如散放在超市成排敞开的箱子里的大米和面粉（图12），传统茶叶商店的大茶罐中的各色茶品、市场里无包装的花生、瓜子，都属于散装食品。当然，比较典型的就是超市的散装食品称重区（图13）。这些食品是带包装的，只不过不会定量克重，消费者购买时也需要收集称重。最典型的以计量方式销售的预包装食品标签上可以看到"计量""计量称重""计量方式：散装称重"等代替净含量的字样。

图12　超市散装食品区

对于散装食品的监管，中华人民共和国卫生部在2004年就已出台《散装食品卫生管理规范》，但由于"裸装"上阵的销售特点，还是存在一定的卫生风险。随着各地相继出台关于散装食品的地方标准，因地制宜地进行监管，同时超市硬件设施的改善，散装食品的卫生现状相比之前已经有了很大的提高。商场、超市选择散装食品供应商及引进新类别散装食品前，须向供应商索取、查验营业执照、生产许可证、卫生许可证、产品质量检验报告等有关证明，建立证件管理系统留档备查。销售区域的散装食品必须生熟分开，销售人员必须持有健康证明，操作时须戴口罩、手套和帽子。

为保护消费者知情权、选择权和监督权，《食品安全法》第六十八条规定，食品经营者销售散装食品，应当在散装食品的容器、外包装上标明食品的名称、生产日期或者生产批号、保质期以及生产经营者名称、地址、联系方式等内容。食品经营者可根据产品的特点、保障消费者知情权等因素，在标注上述内容的前提下，自行标注其他内容。当然，也要确保这些信息易于被消费者理解。

图13　超市带包装的散装食品区

另外，除上述生产信息外，《食品安全国家标准　食品经营过程卫生规范》（GB 31621—2014）中规定，散装食品标注的生产日期应与生产者在出厂时标注的生产日期一致。《食品安全国家标准　食醋》（GB 2719—2018）规定了散装食醋应在容器或包装外侧标示总酸含量，产品的包装标识上应醒目标出"食醋"或"甜醋"字样。消费者在选择对应的食品时可做参考。

2.2.2　现制现售食品

现制现售食品一般由餐饮服务经营者、小餐饮店、小食杂店、食品摊贩等即时加工、制作并向消费者销售。通常经营者会采取"前店后厂""制售分离"等形式现场制作、现场销售。现制现售食品通常出现在专门从事食品现制现售的店铺；超市、商店和市场内的食品现制现售区域（图14）；餐饮服务单位内专用于食品现制现售的区域。现制现售食品主要包括饮料、冷冻饮品、果蔬、焙烤食品、肉制品、坚果、糖果、巧克力制品等。由于所有制作过程可以被顾客看见，视觉和嗅觉的双重刺激下，很容易激发消费者的购买欲。

图14　超市食品现制现售区域

不过，现制现售食品没有产品标准代号、生产许可证编号、保质期等标签属性，同时也豁免强制标示营养标签，再加上以现场加工的销售形式，因此它们既不属于预包装食品，也不属于散装食品。消费者在选择这类食品时只能通过食品经营者的证照是否齐全、卫生条件是否良好、是否明码标价、有无投诉过往、给予包装的密封强度等其他信息来综合选择。

2.3　预包装食品——日常被购买的主力军

看到"预包装食品"这个食品类别的时候，你一定很迷茫，也无法分辨手中买到的食品是否属于预包装食品。为方便快速理解，把它做以下拆分：前面的两个并列定语"预""包装"，其真实意义分别是"预先定量的"且"在包装材料或容器中的"。所谓"有包装≠预包装"，这也正是预包装食品区别于散装食品、"裸装"农产品的两个标志性特征。例如水果、蔬菜、水产品、畜禽

（肉）、蛋类、散装糖果等，只要没有包装，就不属于预包装食品。而简易包装的农产品和餐饮业使用的原辅料，即使具有包装，但由于没有定量净含量，也不属于预包装食品。

预包装食品在各类食品中都很常见，比如乳及乳制品，脂肪制品，粮食制品，冷冻食品，糖果，焙烤食品，肉、蛋及水产制品，调味品，酒水饮料，休闲食品，方便食品等（图15）。预包装食品售卖地点相对比较分散，包括超市、奶站、便利店、烟酒行、网络超市。绝大部分商品都属于预包装食品。

图15　超市预包装食品区

随着人们生活节奏加快，食品趋向速成化且口感日益丰富，预包装食品因其方便、快捷性，在人们日常选购食品中占有越来越高的比例。因此，认识其标签内容，一方面有助于保护消费者知情权、选择权和监督权，也有助于及时清理过期食品，避免将不同品种的食品相混淆；另一方面有助于消费者选择安全、健康的优质食品（图16）。

图16　认识食品标签有助于消费者选择安全、健康的优质食品

对于预包装食品标签，《食品安全国家标准　预包装食品标签通则》（GB 7718—2011）有着严格规定和明确要求，只有当食品标签真实标注了规定的信息时，才可以作为"食品"进入流通环节进行销售。若发现购买商品不包含这些信息，可以向相关食品监督管理机构举报。以下总结几点预包装食品的强制标识信息及豁免信息。

1. 基本信息

食品名称一般都是专用名称，出现在标签的醒目位置，会清晰地反映食品的真实属性。净含量和规格标示位置一般出现在与食品名称同一展示面，便于消费者判断食品的重量从而做出选择。

2. 配料表和营养成分表

配料表和营养成分表是预包装食品中非常重要的部分，也是很容易被大众忽略的内容。

配料表：在制造食品时，存在于食品中的任何物质，包括各种原料、辅料和食品添加剂都应该写在配料表中。一种情况是各种配料应按加入量的递减顺序一一排列，加入量少于2%的则可以不按递减顺序排列。另一种情况是配料表出现了复合配料，复合配料一般都会将其原始配料在括号内按加入量的递减顺序标示。

如图17所示，用量比较大的植脂末和白砂糖会排在最前面，且植脂末不同于白砂糖和脱脂奶粉这样的单一原料，而是添加量大于25%的复合配料，因此要展开标识。当然，也有特殊情况，比如某种复合配料已有国家标准、行业标准或地方标准，且其添加量小于食品总量的25%时，就不需要标示复合配料的原始配料。

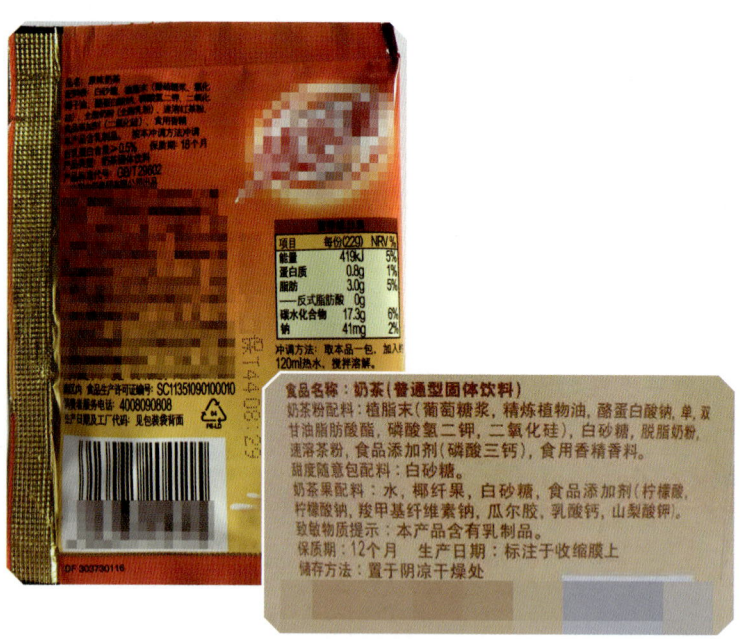

图17 奶茶配料表

营养成分表（图18）是对食品营养特性的描述和声明。它以直观的数字表达食品中的营养成分，如能量、脂肪、蛋白质含量水平，以及对健康可能有危害的成分，如胆固醇或反式脂肪酸等。消费者可以通过营养成分表评估食品的营养价值，并根据自身的营养需求去选购。

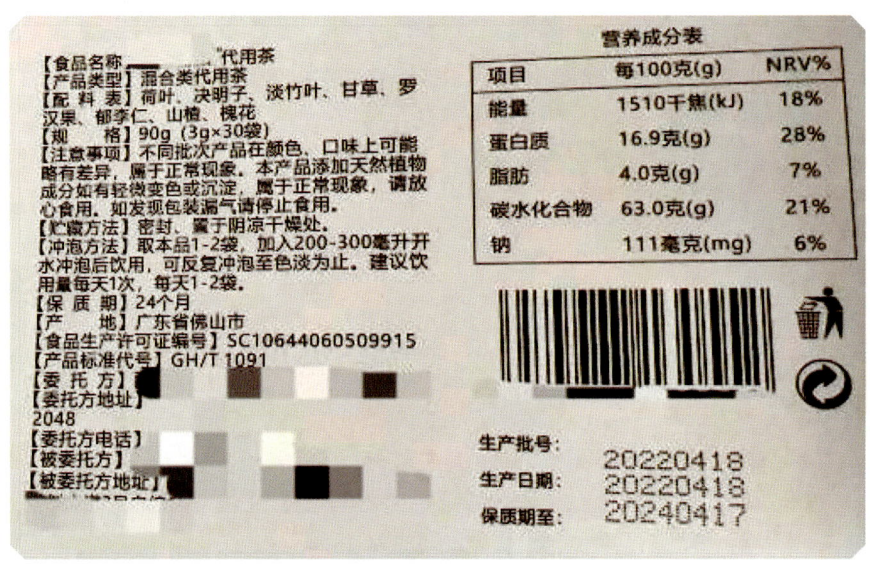

图18 营养成分表及生产相关信息

3. 生产相关信息

生产商、经销商、委托方与被委托方的名称、地址和联系方式等信息都要标识清楚。此外，其他生产相关的强制标识信息还包括生产日期、保质期、储存条件、食品生产许可证编号、产品标准代号及其他需要标示的内容（图18）（如辐照食品、转基因食品、质量等级）。

委托方又叫出品商，属于品牌商标所有企业，但委托方不一定有生产资质，他们会委托给具有资质的企业进行生产。生产商则是替委托方制造商品，也就是生产该商品真正的生产制作企业，而生产商不一定有品牌商标。不过有的时候，生产商自己拥有品牌的同时具有生产能力，标签上就不必出现委托方信息。经销商既可以是独立的经营机构，也可以拥有商品的所有权；既可以是委托方，也可以是委托方和生产商之外以销售为业务的第三方。

4. 豁免信息

有些商品的保质期信息可以豁免，比如≥14.0%vol的葡萄酒（图19）、食醋、食用盐、食糖、味精等商品，这类商品在包装上可以豁免标识保质期信息。另外一种豁免方式，就是当包装的最大表面积小于10 cm^{2}时，在商品上只能看到产品基本信息和生产信息，由于包装过小，其他信息均可以豁免标识。

图19　葡萄酒豁免标识

5. 推荐标识

预包装食品的推荐标识包括产品批号、使用方法和过敏原信息。其中，过敏原信息一般会出现在配料表附近。这些有帮助的说明，可以让消费者辨识出不适合的食品，也可以避免使用不当带来的问题，以便于更好地享受食物。

2.4　特殊功能食品——特殊膳食用食品vs保健品

你知道吗？小宝宝吃的婴幼儿配方奶粉、运动员增加体能的食品、孕妇补充营养的食品、"蓝帽子"保健品等，都是特殊食品。它们是可以满足或调节特定人群的机体功能，而不以治疗为目的的食品。

2.4.1 特殊膳食用食品

特殊膳食用食品是指为满足特殊的身体或生理状况，或为满足疾病、紊乱等状态下的特殊膳食需求，专门去加工或配方的食品。特殊膳食用食品的"特殊"之处就在于，与普通食品相比，其营养素和其他营养成分的含量、适用人群，甚至标签内容等都有显著的不同。不过虽然特殊膳食用食品很特殊，但他们作为食品的一个类别并不是药品，没有疾病预防和治疗功能，更不能代替药物治疗疾病。所以特殊膳食用食品是只针对特定人群在特定状态下食用的食品，其目的是为目标人群提供营养支持，虽然产品配方设计有明确的针对性，但它还属于食品。

特殊膳食用食品主要包括婴幼儿配方食品、婴幼儿辅助食品、特殊医学用途配方食品，以及其他特殊膳食用食品等（图20）。本节只科普特殊医学用途配方食品和其他特殊膳食用食品中的运动营养食品。

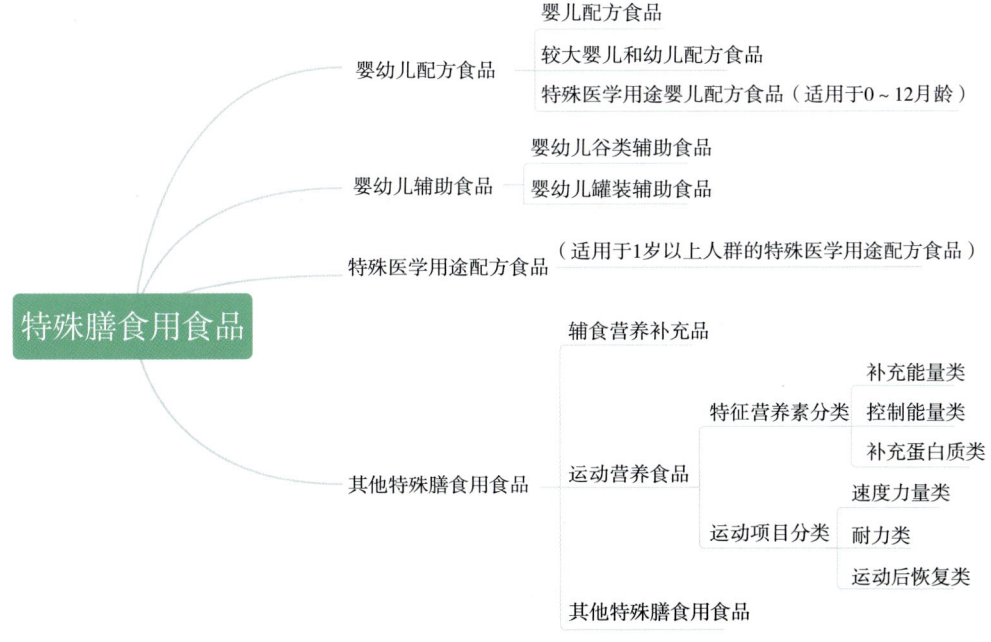

图20　特殊膳食用食品分类

1. 特殊医学用途配方食品

特殊医学用途配方食品是针对某些疾病或特殊健康状况人群提供营养支持

而发展起来的特殊食品类别,在提高疾病治疗效果和术后康复效果、改善患者营养状况、增强机体自身抵抗力、提高患者整体健康水平方面具有良好效果。特殊医学用途配方食品包括的项目如图21所示。

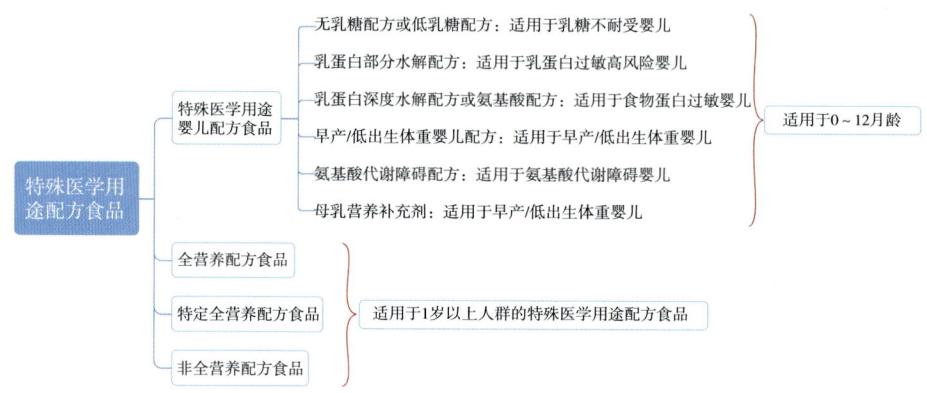

图21　特殊医学用途配方食品分类

由于特殊医学用途配方食品的产品配方和目标人群具有特殊性,这类产品要求在产品标签上对产品配方特点和营养学特征进行描述,以利于临床指导和使用(图22)。此类描述不属于对能量和营养成分的含量声称或功能声称,应真实、客观、不误导。特殊医学用途配方食品的标签、说明书应当真实准确、清晰持久、醒目易读。正确标注产品名称、产品类别、配料表、配方特点、感官、适宜人群、不适宜人群、食用方法和食用量、不良反应、净含量和规格、生产日期和保质期、储存条件、注意事项及警示说明等内容。

图22　特殊医学用途配方食品

特殊膳食用食品标签上应该标示食用方法、每日或每餐食用量,以指导消费者合理使用。其中,特殊医学用途配方食品的食用方法需要医生或临床营养师根据消费者个体情况或医学状况的不同阶段进行调整,此类产品的食用方法可标示为"每日或每餐食用量参照医生或者临床营养师的指导"或类似用语。能量和营养成分的含量是特殊膳食用食品与普通食品区别的主要特征,其含量标示是特殊膳食用食品标签上最重要的部分之一。特殊膳食用食品的能量和营养成分的含量应符合相应产品标准的要求,并应在标签上如实标示。

此外，标签和说明书应当按照规定在醒目位置标示下列内容："请在医生或者临床营养师指导下使用""不适用于非目标人群使用""本品禁止用于肠外营养支持和静脉注射"（图23）。

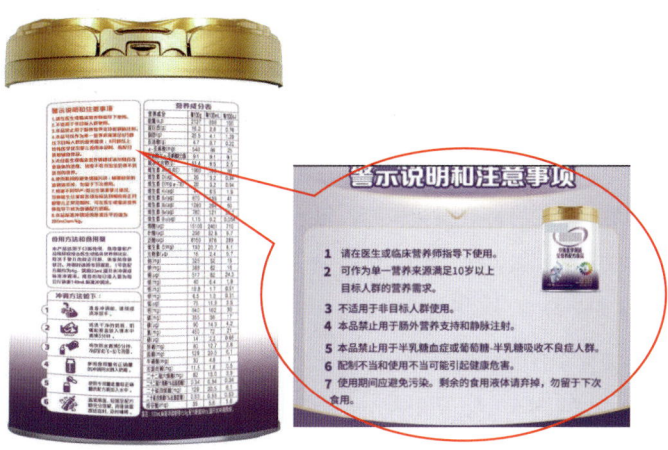

图23　特殊膳食用食品标签

2. 运动营养食品

运动营养食品是指为满足运动人群（指每周参加体育锻炼3次及以上、每次持续时间30 min及以上、每次运动强度达到中等及以上的人群）的生理代谢状态、运动能力及对某些营养成分的特殊需求而专门加工的食品（图24）。

运动营养食品标签中应在主要展示面标示"运动营养食品"及产品所属分类。如有不适宜人群，应在标签中标识。此外，对于添加了肌酸的产品应在标签中标示"孕妇、哺乳期妇女、儿童及婴幼儿不适宜食用"。

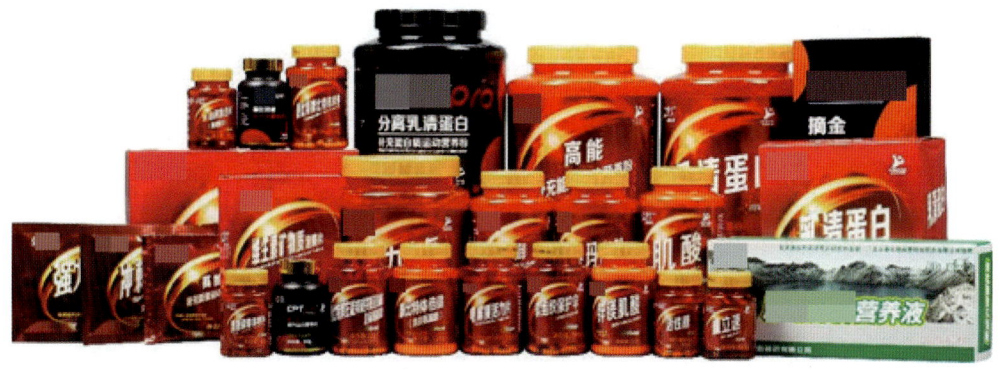

图24　运动营养食品

2.4.2 保健食品

不同于针对特殊人群、使用特殊的配方配比而成的特殊膳食用食品，保健食品主要是以调节身体机能为目的，具有保健功能或者以补充维生素、矿物质等营养物质为目的的食品，适宜于特定人群食用，对人体不产生任何急性、亚急性或慢性危害。保健食品的标志性标识就是它的"蓝帽子"图标（图25），此外，保健食品标签一般都会附产品说明书以及警示用语，标注"保健食品不是药物，不能代替药物治疗疾病"等警示用语（图26）。

图25　保健食品标识

通常保健食品标签包含保健食品专用名称、保健作用声明短语、功效成分、食品的特征、作用、保存条件与期限、食用人群与食用方法，以及其他有关信息。保健食品名称、保健作用、功效成分、适宜人群和保健食品批准文号必须与国家食品药品监督管理局颁发的《保健食品批准证书》所载明的内容相一致。按照《保健食品标识规定》，保健食品名称应该通俗易懂，不得利用封建迷信进行保健食品宣传。不得以虚假、夸张或欺骗性的文字、图形、符号描述暗示保健食品的保健作用，也不得描述或暗示保健食品具有治疗疾病的功效。此外，进口保健食品也应遵从这个规定。

图26　保健食品警示用语"保健食品不是药物，不能代替药物治疗疾病"

2.5 婴幼儿食品——美好的人生初涉

人们生下来，除了母乳外，最初接触的食物就是婴幼儿食品。当妈妈们因为身体或其他各种原因不能纯母乳喂养时，婴幼儿食品就成为唯一的口粮。虽然永远无法与母乳媲美，但经过科学配方生产的婴幼儿食品，含有婴儿生长发育所需要的营养成分，包括宏量营养素和微量营养素。其中，宏量营养素又分为碳水化合物、脂肪和蛋白质；微量营养素分为维生素类（脂溶性维生素A、维生素D、维生素E、维生素K和水溶性维生素B_1、维生素B_2、维生素B_6、维生素B_{12}、烟酸、叶酸、泛酸、维生素C、生物素、胆碱）、矿物质类（钙、铁、锌、钾、镁、钠、磷、氯、铜、碘、硒、锰）。由于婴幼儿食品结构复杂，科学识别婴幼儿食品标签具有重大意义。

事实上，婴幼儿食品包括三类：婴幼儿配方食品、婴幼儿辅助食品和辅食营养补充品（图27）。其中，婴儿配方食品为0~6月龄婴儿食用（俗称1段奶粉）；较大婴儿配方食品为6~12月龄幼儿食用（俗称2段奶粉）；幼儿配方食品为12~36月龄幼儿食用（俗称3段奶粉）；特殊医学用途婴儿配方食品为满足0~6月龄特殊医学状况婴儿的生长发育需求，比如患有某种代谢疾病，或者生理上有特殊营养需要的宝宝。而人们俗称的4段奶粉，是针对3~6岁的儿童配方奶粉，并非婴幼儿食品，而是属于普通食品中调制乳粉中的一种。因此，4段奶粉不遵从婴幼儿食品的标签规则。

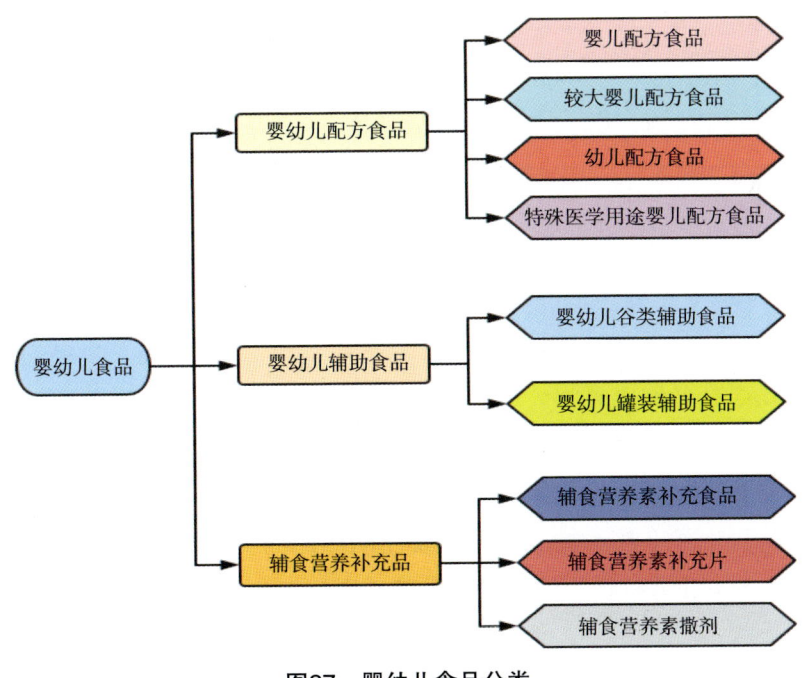

图27　婴幼儿食品分类

为了满足不同月龄婴幼儿的能量和营养素需要，消费者俗称的1段奶粉、2段奶粉和3段奶粉，在能量、营养素种类和含量上是有所区分的。比如胆碱、锰、硒在1段奶粉和2段奶粉中为必需成分，在3段奶粉就变为可选择成分了。再比如维生素A：1段奶粉是60～150 μg/100 kcal，2段奶粉和3段奶粉是75～180 μg/100 kcal；钾元素：1段奶粉是70～180 mg/100 kcal，2段奶粉是75～225 mg/100 kcal，3段奶粉是75～290 mg/100 kcal。婴幼儿食品相关国家标准如表2所示。

表2　婴幼儿食品相关国家标准

婴幼儿食品类别	相应国家标准	常见婴幼儿食品
婴儿配方食品	GB 10765—2021	1段奶粉（乳基或豆基）
较大婴儿配方食品	GB 10766—2021	2段奶粉（乳基或豆基）
幼儿配方食品	GB 10767—2021	3段奶粉（乳基或豆基）
特殊医学用途婴儿配方食品	GB 25596—2010	无乳糖配方奶粉、水解蛋白配方奶粉、氨基酸配方奶粉
婴幼儿谷类辅助食品	GB 10769—2010	米粉、磨牙棒
婴幼儿罐装辅助食品	GB 10770—2010	猪肝罐头、果蔬泥
辅食营养补充品	GB 22570—2014	钙铁锌营养包撒剂，钙、维生素D辅食营养包

《食品安全国家标准　预包装特殊膳食用食品标签》（GB 13432—2013）中有涉及婴幼儿食品的相关规定要求，以下总结几点婴幼儿食品标签的强制标识内容。

1. 产品名称及类别

婴幼儿产品名称应真实、客观、不误导。只能严格运用前面提到的几个专业名词，否则视为违规。"婴儿配方食品""较大婴儿配方食品""幼儿配方食品""特殊医学用途婴儿配方食品""婴幼儿谷类辅助食品""婴幼儿罐装辅助食品"，一个字都不能少，同时要注明产品的类别、属性（如乳基或豆基以及产品状态）和适宜食用的婴幼儿月龄（图28）。

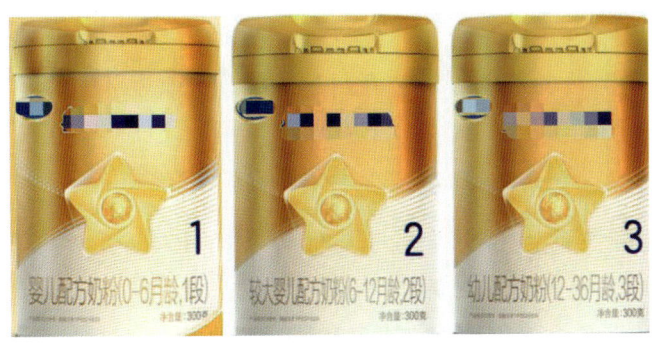

图28　不同月龄婴幼儿配方奶粉

2. 能量和营养成分的标示

婴幼儿食品标签上会存在一个营养成分表，里面会标识能量、蛋白质、脂肪、碳水化合物、钠、维生素、矿物质及可选择性成分或强化了某些物质的含量（图29）。含量以“每100 g（克）”“每100 mL（毫升）”“每份”数值来标示，还会标示出“每100 kJ（千焦）”产品中各营养成分的含量。同理，当用份标示时，会以每份食品的量标识，份的大小可根据食品的特点或推荐量规定。且在产品保质期内，能量和营养成分的实际含量不应低于标示值的80%。此外，当看到“蛋白质”旁边出现“等同物”“氨基酸总量”，意味着蛋白质是由水解蛋白质或氨基酸提供的。

营养成分表

项目	单位	每100kJ	每100g
能量	kJ	100	2120
蛋白质	g	0.52	11
脂肪	g	1.27	27
亚油酸	g	0.11	2.31
α-亚麻酸	mg	15.8	335
碳水化合物	g	2.52	53.5
维生素			
维生素A	μg RE	18.9	400
维生素D	μg	0.63	13.4
维生素E	mg α-TE	0.42	9.0
维生素K_1	μg	1.84	39
维生素B_1	μg	23	490
维生素B_2	μg	31	660
维生素B_6	μg	17.5	370
维生素B_{12}	μg	0.080	1.7
烟酸	μg	170	3600
叶酸	μg	4.48	95
泛酸	μg	236	5000
维生素C	mg	4.72	100
生物素	μg	0.94	20
胆碱	mg	7.3	155

项目	单位	每100kJ	每100g
矿物质			
钠	mg	9.2	195
钾	mg	26	550
铜	μg	18.6	395
镁	mg	2.26	48
铁	mg	0.28	6.0
锌	mg	0.22	4.6
锰	μg	5.4	115
钙	mg	18.9	400
磷	mg	10.8	230
碘	μg	4.72	100
氯	mg	16.0	340
硒	μg	0.94	20
可选择成分			
肌醇	mg	2.36	50
牛磺酸	mg	2.17	46
左旋肉碱	mg	0.94	20
二十二碳六烯酸	mg	4.48	95
二十碳四烯酸	mg	6.2	132
低聚半乳糖	g	0.14	3.0
核苷酸	mg	1.13	24
乳铁蛋白	mg	21	450

图29　营养成分表

3. 食用方法和适宜人群

婴幼儿食品标签上一定会出现食用方法、每日或每餐食用量，必要时还应标示调配方法或复水再制方法。对于特殊医学用途婴儿配方食品一定要标注适宜人群，除此之外，婴幼儿食品的产品名称和类别不得涉及疾病预防、治疗功能。

4. 贮存条件

包装上会向消费者特别提示，开封后的婴幼儿食品不宜贮存或不宜在原包装容器内贮存（图30）。

5. 其他

（1）婴儿配方食品（1段奶粉）应标明"对于0～6月龄的婴儿最理想的食品是母乳，在母乳不足或无母乳时可食用本产品"（图30）。而且，标签上不能有婴儿和妇女的形象，不能使用"人乳化""母乳化"或近似术语表述。婴幼儿食品对于有关产品使用、配制指导说明及图解、贮存条件应在标签上明确说明。当包装最大表面积小于100 cm^{2}或产品质量小于100 g时，可以不标示图解。

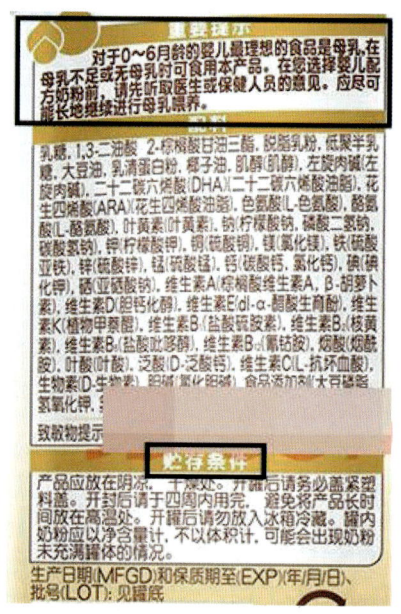

图30　1段奶粉标签贮存条件和需要提示信息

（2）婴幼儿谷物辅助食品应在标签中标明"需用牛奶或其他含蛋白质的适宜液体冲调"或类似文字。婴幼儿汁类罐装辅助食品应标明产品中所含果蔬原汁或原浆的含量（图31）。婴幼儿辅食营养补充品标签上除按月龄标明适宜人群，还要标注"本品添加多种微量营养素，与其他同类产品同时食用时应注意用量"这句话。供6～36月龄婴幼儿食用的产品，还应标明"本品不能代替母乳及婴幼儿辅助食品"。

（3）婴幼儿食品标签中的配料表规范与2.3预包装食品标识要求相同。

识"食物标签"者为俊杰

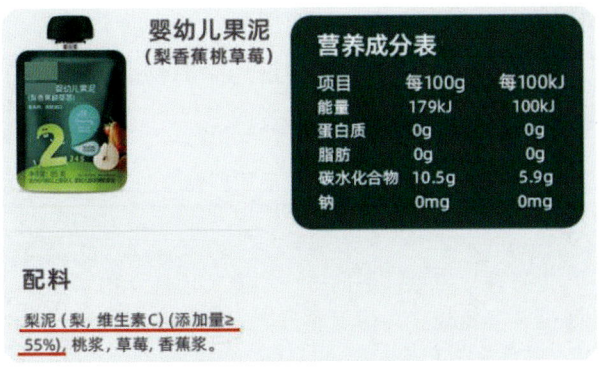

图31　婴幼儿果泥、配料、营养成分表

6. 豁免标示内容

当婴幼儿容器的最大表面积小于10 cm²时，可只标示产品名称、净含量及相关产品生产信息。由于包装过小，其他内容均可以豁免。

2.6　药食同源产品——食物药物，物物相通

我国著名的神话传说"神农尝百草"，讲的是神农氏为了帮助百姓解决疾病困扰，亲自尝试各种草药，日中七十二毒，幸得茶解毒。他总结出草药的药效和毒性，为人类健康作出了巨大贡献。其实，神农尝草药不是寻找药物，而是在寻找食物，是在分辨何种草木可为食料以充饥。也就是那时，中药与食物其实是同时起源的。人们在寻找食物的过程中发现了各种食物和药物的性味和功效，认识到许多食物既是食物也是中药材，这就是"药食同源"理论的基础，也是食物疗法的基础。

药食同源产品指的是一些既可以作为食品，也可以作为药品食用的物质，比如常用来作为生食的山楂、桑葚、红枣，蒸煮食用的山药、百合、赤小豆、薏仁，泡水饮用的枸杞、陈皮、菊花、桑叶等。

《食品安全法》第三十八条规定，生产经营的食品中不得添加药品，但同时规定，可以添加按照传统既是食品又是中药材的物质。对于药食同源原料，国

家也有相关的规定，2002年公示的《卫生部关于进一步规范保健食品原料管理的通知》里面列出了三类名单：既是食品又是药品的物品名单、可用于保健食品的物品名单、保健食品禁用物品名单（表3）。

表3 《卫生部关于进一步规范保健食品原料管理的通知》附件名单汇总

项目	2002年基础名单	新增名单
既是食品又是药品的物品名单	丁香、八角茴香、刀豆、小茴香、小蓟、山药、山楂、马齿苋、乌梢蛇、乌梅、木瓜、火麻仁、代代花、玉竹、甘草、白芷、白果、白扁豆、白扁豆花、龙眼肉（桂圆）、决明子、百合、肉豆蔻、肉桂、余甘子、佛手、杏仁（甜、苦）、沙棘、芡实、花椒、赤小豆、阿胶、鸡内金、麦芽、昆布、枣（大枣、黑枣、酸枣）、罗汉果、郁李仁、金银花、青果、鱼腥草、姜（生姜、干姜）、枳椇子、枸杞子、栀子、砂仁、胖大海、茯苓、香橼、香薷、桃仁、桑叶、桑葚、桔红、桔梗、益智仁、荷叶、莱菔子、莲子、高良姜、淡竹叶、淡豆豉、菊花、菊苣、黄芥子、黄精、紫苏、紫苏籽、葛根、黑芝麻、黑胡椒、槐米、槐花、蒲公英、蜂蜜、榧子、酸枣仁、鲜白茅根、鲜芦根、蝮蛇、橘皮、薄荷、薏苡仁、薤白、覆盆子、藿香、牡蛎	人参、山银花、芫荽、玫瑰花、松花粉、粉葛、布渣叶、夏枯草、当归、山柰、西红花、草果、姜黄、荜茇，在限定使用范围和剂量内作为药食两用。党参、肉苁蓉、铁皮石斛、西洋参、黄芪、灵芝、山茱萸、天麻、杜仲叶作为食药物质时，建议按照传统方式适量食用，孕妇、哺乳期妇女及婴幼儿等特殊人群不推荐食用
可用于保健食品的物品名单	人参、人参叶、人参果、三七、土茯苓、大蓟、女贞子、山茱萸、川牛膝、川贝母、川芎、马鹿胎、马鹿茸、马鹿骨、丹参、五加皮、五味子、升麻、天门冬、天麻、太子参、巴戟天、木香、木贼、牛蒡子、牛蒡根、车前子、车前草、北沙参、平贝母、玄参、生地黄、生何首乌、白及、白术、白芍、白豆蔻、石决明、石斛、地骨皮、当归、竹茹、红花、红景天、西洋参、吴茱萸、怀牛膝、杜仲、杜仲叶、沙苑子、牡丹皮、芦荟、苍术、补骨脂、诃子、赤芍、远志、麦门冬、龟甲、佩兰、侧柏叶、制大黄、制何首乌、刺五加、刺玫果、泽兰、泽泻、玫瑰花、玫瑰茄、知母、罗布麻、苦丁茶、金荞麦、金樱子、青皮、厚朴、厚朴花、姜黄、枳壳、枳实、柏子仁、珍珠、绞股蓝、胡芦巴、茜草、荜茇、韭菜子、首乌藤、香附、骨碎补、党参、桑白皮、桑枝、浙贝母、益母草、积雪草、淫羊藿、菟丝子、野菊花、银杏叶、黄芪、湖北贝母、番泻叶、蛤蚧、越橘、槐实、蒲黄、蒺藜、蜂胶、酸角、墨旱莲、熟大黄、熟地黄、鳖甲	

（续表）

项目	2002年基础名单	新增名单
保健食品禁用物品名单	八角莲、八里麻、千金子、土青木香、山莨菪、川乌、广防己、马桑叶、马钱子、六角莲、天仙子、巴豆、水银、长春花、甘遂、生天南星、生半夏、生白附子、生狼毒、白降丹、石蒜、关木通、农吉痢、夹竹桃、朱砂、米壳（罂粟壳）、红升丹、红豆杉、红茴香、红粉、羊角拗、羊踯躅、丽江山慈姑、京大戟、昆明山海棠、河豚、闹羊花、青娘虫、鱼藤、洋地黄、洋金花、牵牛子、砒石（白砒、红砒、砒霜）、草乌、香加皮（杠柳皮）、骆驼蓬、鬼臼、莽草、铁棒槌、铃兰、雪上一枝蒿、黄花夹竹桃、斑蝥、硫黄、雄黄、雷公藤、颠茄、藜芦、蟾酥	

其中"既是食品又是药品的物品名单"共列入86种中药材。2014年又新增了14种，但对使用范围和剂量进行了限定。2019年国家卫生健康委会同国家市场监督总局发布《关于对党参等9种物质开展按照传统既是食品又是中药材的物质管理试点工作的通知》。该通知明确，根据《食品安全法》规定，经安全性评估并广泛公开征求意见，增加党参、肉苁蓉、铁皮石斛、西洋参、黄芪、灵芝、山茱萸、天麻、杜仲叶等9种物质既是食品又是中药材。上述物质作为食药物质时，建议按照传统方式适量食用，孕妇、哺乳期妇女及婴幼儿等特殊人群不推荐食用。并且食品中如果添加了这9种食药物质，并非在全国各地都可以合规生产经营，试点食药物质只能在试点省市生产使用，且企业若生产经营相关试点食药物质还需取得企业试点的资格，试点省区详见表4。如果有的省区市没有发布对应的试点工作的通知，那么使用这9种既是食品又是中药材的物质则是违法的。消费者应根据自己购买产品的生产省份查询所购商品是否符合相应规定。

表4　试点9种既是食品又是中药材的物质省区名单

物质名称	可试点使用省份
灵芝	17个省区：辽宁、安徽、宁夏、山东、江苏、重庆、浙江、江西、广东、福建、四川、湖北、黑龙江、广西、贵州、云南、吉林
铁皮石斛	13个省区：安徽、山东、江苏、重庆、浙江、江西、广东、福建、四川、湖北、广西、贵州、云南
黄芪	7个省区：辽宁、宁夏、江苏、河北、黑龙江、甘肃、吉林

（续表）

物质名称	可试点使用省份
西洋参	6个省份：辽宁、山东、广东、福建、黑龙江、吉林
天麻	5个省份：安徽、重庆、四川、贵州、云南
党参	3个省份：河北、湖北、甘肃
肉苁蓉	3个省区：宁夏、内蒙古、甘肃
杜仲叶	3个省区：江西、河北、广西
山茱萸	1个省份：浙江

日常生活中有不少药食同源产品，如凉茶、黑芝麻糊、杭白菊花茶、桑叶茶、青柑陈皮茶、十全茶等。以某品牌凉茶为例（图32），配料表中就出现了布渣叶、菊花、金银花、夏枯草、甘草等药食同源的原料，其中菊花、金银花、甘草都是在既是食品又是药品的物品名单中，而布渣叶和夏枯草根据补充公告允许作为凉茶饮料原料使用，因此该凉茶符合在限定使用范围内作为药食同源产品。

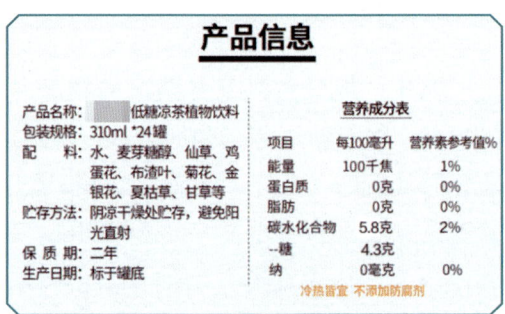

图32　某凉茶标签信息

此外，药食同源产品也是食品类别的一种，也应该符合《食品安全法》，食品标签和广告的宣传内容应当真实合法，不得含有虚假夸大的内容，且广告的内容不得涉及疾病预防、治疗功能。

2.7　国外膳食补充剂——非"中国制造"的保健品洋货

当下，虽然公众对营养保健概念的重视程度日益凸显，但国内仍只有部分人有保健消费意识和习惯，大多人还停留在"不生病即可"的健康质量上，没有形成"治未病"的习惯。相比之下,国外在营养补充上的消费意识很强,已形成日常补充营养素的习惯。约50%的美国成年人会消费膳食补充剂,且在美国有超50 000种在售的膳食补充剂,其中多种维生素是他们最常用的产品。与此同时,发达国家拥有完善的市场监督和高昂的违法成本,因此,国外膳食补充剂的法规体系相对庞大且发达。比如在美国和加拿大,膳食补充剂被认为是食物的一部分,并受到相应的监管。欧盟委员会还建立了统一的规则,来帮助确保食品补充剂的安全和产品标签的正确(图33)。

图33 国外膳食补充剂拥有完善的市场监督

中国的营养品主要来自保健品,也就是俗称的"蓝帽子"(具体介绍见2.4 特殊食品——特殊膳食用食品 vs 保健品),是声称具有保健功能或者以补充维生素、矿物质等营养物质为目的的食品。而在国外,这类食品通常称为膳食补充剂(dietary supplement)。它作为饮食的一种辅助手段,用来补充人体所需的氨基酸、脂肪酸、维生素、矿物质、膳食纤维,以及从植物或动物、菌类等成分中提取的浓缩物、提取物或组合物。例如植物色素或多酚,或者来自鸡或鱼的胶原蛋白。这些营养成分可以单独出售,也可以与营养成分组合出售,可作为粉剂、胶囊、片剂或液体形式口服补充(图34)。

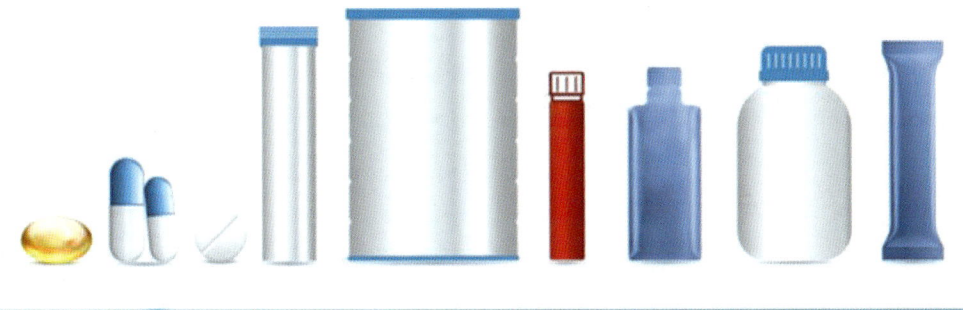

软胶囊　硬胶囊　片剂　桶装分剂　瓶装饮品　袋装饮品　瓶装分剂　条装分剂

图34 各种包装类型的膳食补充剂

膳食补充剂是一种含有营养素的、在日常饮食之外为增加营养成分而摄入的口服产品，它不是药品，而是一种食物，但又有别于餐桌上的食物。如根据美国《膳食补充剂健康与教育法》（DSHEA），膳食补充产品包括或含有维生素、矿物质、氨基酸、必需脂肪酸和从植物或动物、真菌、细菌或益生菌中提取的非营养物质、活细菌（图35）。膳食补充剂成分也可以是天然物质的合成复制品（如褪黑激素）。所有含有这些成分的产品都必须标记为膳食补充剂。

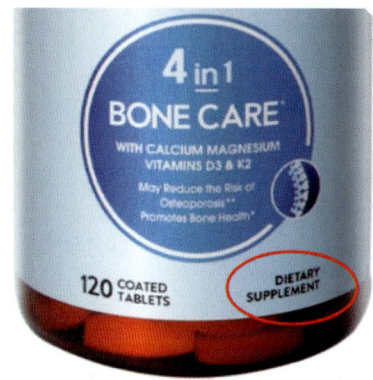

图35　国外膳食补充剂产品标记

我国保健品属于功能性食品，是食品的一个种类，标签上明确标注为保健食品，需要带"健"字批号。但国外膳食补充剂和国内保健品有一定的区别，中国消费者在国内能买到的保健品有两种，分别为进口国外营养保健品和跨境电商营养保健品。

2.7.1　进口国外营养保健品

进口国外营养保健品标签要求符合中国法律法规，例如美国保健品属于膳食补充剂，进口到国内销售就定位为SC（食品生产许可证）的食品范畴。而且必须要标明产品的名称、配料表、原产国或地区、净含量及固形物含量、生产日期、保质期、贮藏方法、经销商的名称、地址和联系方式等信息。按照我国现行要求，保留的原正面标签显示的外文必须在中文标签上有对应中文译文，且中文品名字体要大于外文品名字体（图36）。对于消费者，这种进口商品无论是在线上电商还是线下超市、商场、药店均可购买。

图36 国外进口商品标签信息

2.7.2 跨境电商营养保健品

国外营养保健产品在标签上也会明确标注产品类别，如美国膳食补充剂要标注"DIETARY SUPPLEMENT"，日本膳食补充剂要标注日文"特定保健用食品""栄養機能食品""機能性表示食品"等（图37）。产品标签要求必须标注包括标签格式、营养素名称、含量等符合相关法规要求的营养成分信息。此外，跨境电商中每件跨境商品将贴上唯一的进口商品防伪溯源码。消费者通过扫描二维码可以获得相关产品的中文信息，还可以快速准确地查询到商品相关的溯源信息。

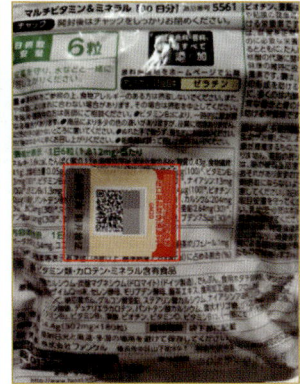

图37 跨境电商营养保健品标签

这种原装进口的包装方式，消费者只能通过跨境电商的形式购买。商品存储在海关保税仓库，消费者通过网购下单，商品会从保税仓直接发货给消费者。且根据2016年财政部、海关总署、国家税务总局《关于跨境电子商务零售进口税收政策的通知》规定，单笔交易限额为2 000元人民币，个人年度交易限额为20 000元人民币。

　　国外膳食补充剂的不断引入，以及新产品、新技术快速进入国内，不仅促进了贸易及交流合作，更开始不断激发国内市场创新的研发动力及相关法规的完善，同时也加快了紧跟国际的健康领域创新研发步伐。在此背景下，消费者能提高对营养补充重要性的认知，通过"治未病"降低医疗费用、提高生活质量，以及满足人们对美好生活的需求。

乱花渐欲迷人眼　标签切勿想当然

乱花渐欲迷人眼　标签切勿想当然

3.1　外行看广告，好！内行看门道，跑！

在食品标签中，除了"一般要求"规定必须告知消费者的信息，通常生产商或经销商为了吸引消费者的眼球，会在食品包装上增加一些创意广告文字或图形，以达到增加产品销量的目的。但是大多数消费者无法辨别标签文字和广告文字，而且很容易被包装上的卖点吸引，甚至被洗脑产生共鸣，无条件地购买，买回家才发现一切都是自己美好的想象，甚至有的消费者都没有意识到参与了一场文字游戏。

像以下这几种经常能看到的广告语，比如"无防腐剂""有鸡蛋才叫好面""特别添加进口牛乳""香浓芒果味"等，到底是真是假？作为消费者，我们一定要学会区分包装标签与包装广告，并且判断其广告语是否真实且合法合规，学会以下技能即可轻松判断真伪！

1. 区分标签文字与广告宣传文字

食品标签标识中的食品名称、配料表、净含量、规格、生产者和（或）经销者名称、地址、联系方式等，这些内容属于标签特有的"食品身份证"要素（图38），不是广告。而其他在一般要求以外的，涉及文字、图形、符号及一切说明物，只要符合《中华人民共和国广告法》（以下简称《广告法》）中商业推销特征的，都可认定为广告。简单说，食品标签的作用在于识别，当超出识

图38　食品标签信息

别作用范畴的就属于广告了。比如"100%不含""特别添加×××""独有×××成分"等语言,这些都是广告语言,而非标签要素。

2. 广告宣传文字,可以去标签中找答案

标签是产品的脸面,是消费者的第一接触点,食品的生产过程消费者看不见、摸不着,因此只有通过标签获得相关信息。国家标准规定,对于在食品标签上特别强调添加了或含有一种或多种有价值、有特性的配料或成分,就应该标识配料或成分的添加量或在成品中的含量,起到告知消费者的目的。翻译成俗语,意思就是做了广告宣称,就也要告知宣传配方的含量。凡是不标识含量的广告宣传都是文字游戏。相反,食品名称中提及的某种配料或成分没有在标签上特别强调,就不需要标识含量。

以开头的举例我们来实战下。

"无防腐剂",我们要看配料表中有没有标识山梨酸钾或苯甲酸钠这类防腐剂,以及标签上有无"防腐剂添加量为0",这种情况下才是真的没有添加防腐剂。

"一定……是鲜鸡蛋哦!",翻过来看挂面的包装有没有鸡蛋的添加量百分比(图39)。

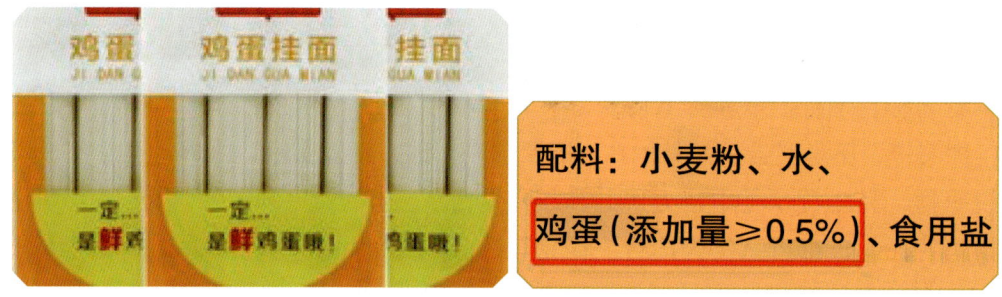

图39 鸡蛋挂面广告宣传文字

"特别添加进口牛乳"也是同理,牛奶的比例应该出现在配料表附近。

"香浓芒果味"若是在配料表中没有找到真正的芒果,或者写了芒果但没有标识含量,好吃那也是芒果香精赋予的味感错觉而已。

"黑色食品黑芝麻糊,具有黑芝麻浓郁的香味",配料中排在第一位的就应该是黑芝麻(图40)。如果产品外包装没有找到黑芝麻含量,甚至配料表"黑芝麻"三个字都无踪影,恭喜你,买到了一包黑色素淀粉。

乱花渐欲迷人眼　标签切勿想当然 ③

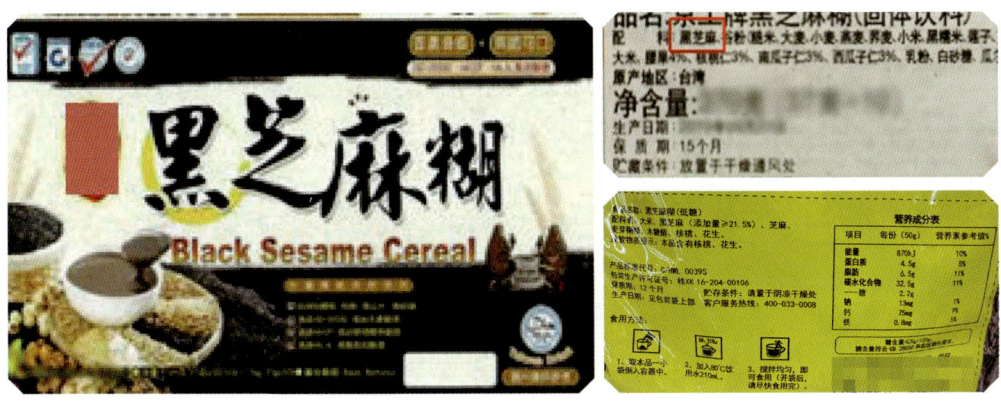

图40　黑芝麻糊产品标签

3. 警惕标签广告宣传误导

有些固体饮料的包装上画了一些婴幼儿图片、漫画或卡通图案，包装方式又是铁罐，很多消费者都会将其误以为是婴幼儿食品。再比如，"蜂王浆冻干粉具有杀菌、强化肝功能、调整酸性体质、美容效果、加速微循环、改善新陈代谢、延缓老化、增强免疫系统等作用""×××清水小龙虾具有防止胆固醇在体内蓄积的作用""×××饼干，猴头菇制成，好吃又养胃""××特产莲藕，具有清热凉血、通便止泻、健脾开胃、益血生肌、止血散瘀等作用"。这些广告语存在夸大食品功效的嫌疑。因此，一定要警惕一些涉及适用人群及疾病功效相关的暗示性语言。在我国，普通食品严禁功效宣称。普通食品不能与保健品和特殊医学用途配方食品相提并论，因为普通食品不会也没有经过功效论证，如此宣传严重违反了《食品安全法》《广告法》。消费者在选购普通食品时一定要擦亮眼睛。

食品标签是特殊的广告媒介，应当正确区分食品标签与食品包装广告的关系（图41）。消费者应掌握识别标签的技能，利用食品标签上的文字，给自己挑选合规、真材实料的食品。

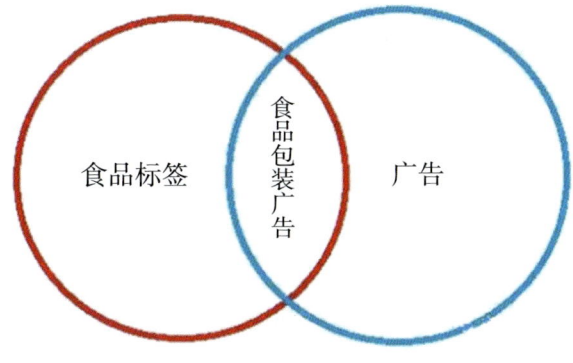

图41　食品标签、食品包装广告、广告之间的关系

3.2 越奇特的名称越像诱捕昆虫的锦地罗

在自然界中,生物以奇特的方式生存和繁衍。其中,锦地罗这种植物以其独特的名称和外形吸引着人们的目光。它就像是一个巧妙的陷阱,以鲜艳的色彩诱捕昆虫,再通过带有黏性的叶片将昆虫困住,从而获取养分。然而,锦地罗并非真正的陷阱,而是大自然赋予它的一种生存策略。在现今信息大爆炸的时代,食品名称往往成为了一种营销手段,它们诱人、动听、甚至富有吸引力,有时甚至是误导性的;就像锦地罗,诱惑着昆虫掉入陷阱。

当我们走进超市,面对琳琅满目的食品,在不了解法律法规的情况下,往往会被各种吸引人的名称和精美的包装所诱惑。很多食品名称听起来既健康又美味,但实际上并不能仅仅根据名称来判断食品的好坏,而更应该关注食品的属性类别和配料成分。消费者可以通过三个信息识别食品。

首先,观察食品名称。2024年,国家卫生健康委员会发布对《食品安全国家标准 预包装食品标签通则》征求意见稿,明确规定了食品名称是能反映食品本身不必说明或已说明的固有特性的专用名称,包括对食品或配料特征、工艺特点、食品类别等一种或多种食品专属特征的描述。

其次,找到食品的属性类别。规定食品类别应使用国家相关规章及公告中规定的食品类别,使用能充分说明食品真实属性且不易使消费者误解或混淆的名称作为属性名称。应在标签的醒目位置使用与食品名称同样的字体、字号、颜色标示。找到食品的属性类别就可以基本判断这是什么食品。

最后,看清食品配料成分。通过成分表,我们可以了解到食品的原料、添加剂、营养含量等重要信息。这些信息能够帮助我们了解食品的营养价值,可根据自己的营养需求和健康状况,选择适合自己的食品。

如图42这种名称叫作"豆腐"的食品,它不是传统以黄豆为主要原料的豆腐,而是一种蛋制品,从标签信息中可以看出是以鸡蛋为主要原料精制而成,因其质感类似于豆腐,才将其称之为"豆腐"。

乱花渐欲迷人眼　标签切勿想当然 ③

此外，还有一些食品名称可能会暗示某种健康效益，而事实上国家标准要求不应以语言文字、图形、符号、音视频等方式明示或暗示食品或食品中的某种成分或配料具有预防、治疗疾病的作用，非保健食品不得明示或者暗示具有保健作用。但实际上，食品的营养成分和营养价值可能并不如名称所描述的那样。因此，我们需要仔细查看食品的成分表，了解食品的真实情况。

如图43所示的食品名称：果蔬益生菌胶原蛋白肽果冻、爱眼日记蓝莓果饮，都会导致消费者误解其具有对应的健康效益。针对这一类

图42　某"豆腐"食品标签

产品，只需要识别他们是否带有保健食品标识或是否具有药食同源物质，若没有，那么对所有普通食品只需牢记：普通食品无权进行功效宣称。

图43　某些食品名称会导致消费者误解其具有对应的健康效益

国家相关标准规定"保健食品的保健功能声称"和"按照传统既是食品又是中药材的物质声称"时，应符合国务院有关部门的规定。如图44所示，丽人胶囊作为保健品，润喉糖作为药食同源食品，食品名称都具有相对应的功效宣称，符合国家相关规定的要求。

47

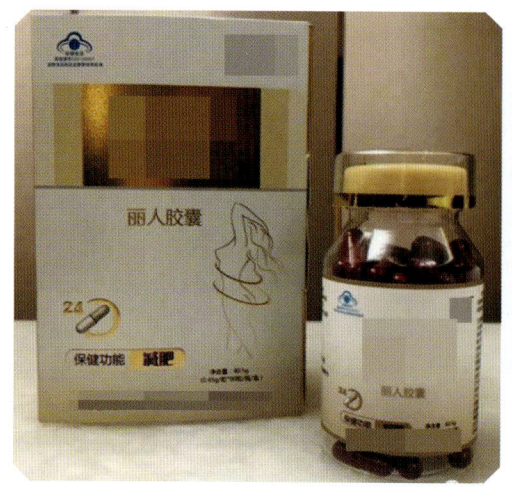

图44　具有相对应功能效宣称的保健品

现实与描述不符是在购买食品时经常遇到的问题，消费者如果遇到食品名称与内在不相符或欺诈行为可拿起法律武器维护自己的权益。根据《中华人民共和国消费者权益保护法》第五十五条，经营者提供商品或者服务有欺诈行为的，应当按照消费者的要求增加赔偿其受到的损失，增加赔偿的金额为购买商品的价款或者接受服务的费用的三倍；增加赔偿的金额不足五百元的，为五百元。

总之，消费者在购买食品时，应该注意查看食品名称及属性类别与实际内容是否相符，学会查看成分表，了解食品成分和真实情况后，才能不被华丽的名称所迷惑，做出更加明智且适合自己的选择，真正享受健康、美味的饮食生活。

3.3　"0蔗糖"不是"0糖"

为什么一块巧克力就能让人心情愉悦？
为什么可乐被称为"肥宅快乐水"？
为什么很多女孩子要用奶茶"续命"？
答案就是——糖。

乱花渐欲迷人眼 标签切勿想当然

糖能够刺激大脑分泌多巴胺和内啡肽，这两种物质能够调节情绪，让人心情愉悦。但是，近几年，人们渐渐了解了糖的弊端：糖属于高热量的食物，摄入过量的糖会转化为脂肪从而引发肥胖。不仅如此，过多的糖还会增加龋齿的风险。所以，越来越多人开始对糖又爱又恨。敏感的企业家们嗅到了商机，开始研制满足这个消费者痛点的产品，"低糖""无糖"食品横空出世。

不过当我们选择无糖食品时，看到"无糖""0糖""0蔗糖"时会不会选择困难（图45）？有没有怀疑过，它是不是真的不含糖？很多如奶茶、饮料之类的食品，喜欢以"0蔗糖"的口号宣传，很多人以为"0蔗糖"就是无糖的意思，可以放心食用，其实其中暗藏玄机。

图45 无糖食品

事实上，食品中的糖是所有单糖、双糖的总称。食品生产中常用的单糖包括果糖、葡萄糖等，双糖包括蔗糖、麦芽糖、乳糖等。而"0糖""0蔗糖"表示的含糖成分、含糖量截然不同，有着本质的区别。

"0糖"和"无糖"

《食品安全国家标准 预包装食品营养标签通则》（GB 28050—2011）规定：当食品中糖含量≤0.5 g/100 g（固体）或100 mL（液体）时可声称为无糖或不含糖，同义语即为"0糖"。

"0蔗糖"和"不添加蔗糖"

"0蔗糖"可理解为"不添加蔗糖"，但不一定代表无糖，甚至不一定是低糖。"0蔗糖"并不代表该食品内不含葡萄糖、麦芽糖、果糖等其他糖类。有一些食物原料本身就含有糖，如牛奶、果汁等，这些也会带来能量。原材料来自天然乳源或果汁的产品本来就不是"0糖"，所以消费者一定要根据配料表选择合适的食品。有时商家为了追求更好的口感会增加代糖。

选购小妙招

"无蔗糖""0蔗糖""0添加蔗糖"食品不一定是"0糖"食品，需要查看配方表中配料成分以及营养成分表中标注来判断。首先，如果配料表中有玉米糖浆、麦芽糖、葡萄糖、果葡糖浆、结晶果糖、果酱、蜂蜜，甚至浓缩苹果汁等原料，就说明它仍然是有糖的。其次，营养成分表会标注每100克（g）产品中碳水化合物的含量及能量情况（图46）。部分食品或饮料的营养成分表会单独标注糖的含量，这有助于消费者判断所购买产品是否真正为“0糖”。

营养成分表

项目	每100克(g)	营养素参考值%
能量	2224千焦(kJ)	26%
蛋白质	8.1克(g)	14%
脂肪	29.6克(g)	49%
——反式脂肪	0克(g)	
碳水化合物	58.3克(g)	19%
——糖	0克(g)	
钠	586毫克(mg)	29%

本产品中蔗糖含量：未检出

图46　食品标签中的碳水化合物含量

若觉得理论晦涩，那就上实例。

图47是一款果浆饮料，包装宣传了“0添加蔗糖”，但营养成分表显示碳水化合物并不是0 g，而是6.0 g，能量也有102 kJ。既然是“0糖”，碳水化合物含量从何而来呢？此时，在配料中确实没有看到蔗糖，但是却发现了果葡糖浆和苹果浓缩汁（含有果糖）。这就说明了没有蔗糖并不代表没有能量，其他糖类（如果糖、乳糖、麦芽糖等）的加入依然可以成为碳水化合物的来源。果糖如果摄入过多，依然会和蔗糖产生一样的脂肪堆积问题。所以在选购时，要看标签上的全部信息，才能通过标签看到食物的本质。

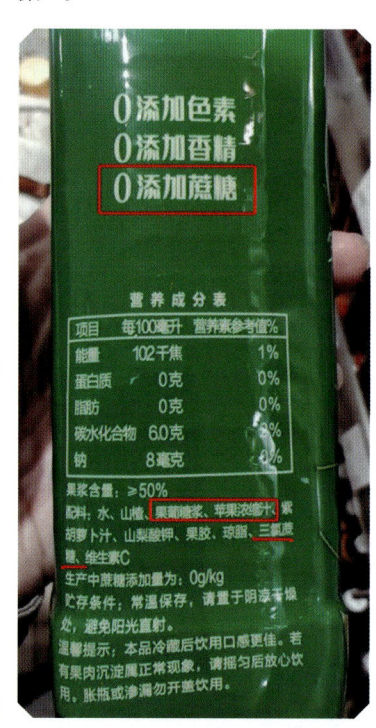

图47　果浆饮料标签信息

图48中饮品包装的正面标识了“0糖”且能量均为0 kJ，但碳水化合物分别是1.7 g和1.2 g。既然是0糖0 kJ，在配料中确实没有看到蔗糖，但是却有碳水化合物。仔细观察配料表可以看到赤藓糖醇、浓缩葡萄汁、浓缩苹果汁、桔子汁、蜂蜜、三氯蔗糖、甜蜜素、安赛蜜、阿斯巴甜，这些就是人们喝这款饮料依然能感觉到甜味的原因。赤藓糖醇是一种不

乱花渐欲迷人眼　标签切勿想当然

会产生能量的膳食纤维，因此能量计算出来是0 kJ。而果汁里面含有果糖，蜂蜜里的糖主要是葡萄糖和果糖，为什么能量也是0 kJ呢？那是因为能量计算≤17 kJ标签即可标注为0 kJ，但并不能代表能量真的为0 kJ，只是约等于0 kJ。最后，三氯蔗糖、甜蜜素、安赛蜜、阿斯巴甜都属于甜味剂，不会产生能量但可以刺激感知甜味的味蕾给大脑发出信号让人感觉到甜味。这类饮料的能量确实较低，也有利于控制血糖和体重，但并不意味着可以长期饮用，若大脑经常接收这样的信号，会感到很困惑，明明吃了这么多糖，为什么没有转化为能量？这种信号干扰，可能会打乱食欲和味觉的调节。

图48　"0糖"饮品标签信息

　　没有不好的食物，只有不好的膳食习惯。很多人担心糖吃多了会导致体重增加，造成肥胖于是就谈"糖"色变，其实大可不必。糖对人体健康也有重要作用。碳水化合物作为人类必需的六大营养素之一，是最重要的能量来源，对维持正常生命活动起着至关重要的作用。糖还具备多种维持身体机能必要的功能，比如构成组织结构和生理活性物质等。

　　《中国居民膳食指南（2022）》建议成人每日摄入添加糖不超过50 g，最好控制在25 g以内。500 mL含糖饮料的糖含量一般都会在50 g以上，喝一瓶一天的糖就超标了。只要在正常饮食范围内糖是可以吃的，但一定不要过量哦！

食品安全之食品标签解读与鉴别

3.4 "不添加" ≠ "不含有"

"0添加""不添加""不含有""0糖""0脂""无香精色素""不含添加剂"……相信很多人在购买食品时，在外包装上经常会见到类似标识。不少消费者也认为这类食品更安全更健康，这就导致消费者更愿意购买"不添加"的产品。但仔细想一想真的是不添加吗？

这里面其实存在着两种偷换概念！一种是"不添加A但加了B"，另一种是"不添加A但其实含有A"。

不添加A但加了B

如果仔细观察这些所谓"不添加某种食品添加剂"食品的配料表，就会发现部分商家虽然避开了防腐剂、色素、香精等食品添加剂，但同时又使用了很多其他的食品添加剂。如图49所示的宣称不添加香精、防腐剂、色素的某品牌椰汁，其食品添加剂中就有乳化剂（酪朊酸钠）；宣称不加糖精和防腐剂的某品牌电解质饮料（图50），其使用的其他食品添加剂就有柠檬酸、柠檬酸钠、氯化钠、氯化钾、苹果酸、葡萄糖酸、谷氨酸钠、氯化钙、维生素C等。

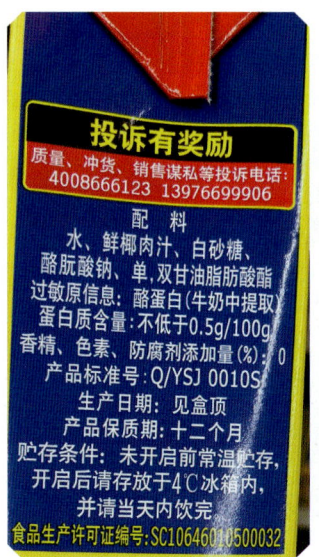

图49 椰汁标签配料表

虽然这种标签在法规角度完全合规，但是，由于其在标签上特意标注不添加某种食品添加剂，导致消费者会误解该产品相比其他竞品会有健康优势，从而倾向购买。

乱花渐欲迷人眼　标签切勿想当然 ③

图50　电解质饮料标签配料表

此外，还有"不添加蔗糖""无蔗糖""0蔗糖"等类似标注，常见于酸奶、饼干、糕点、饮料、奶粉等食品的包装袋上。有些消费者，尤其是中老年人、糖尿病患者，一见到这类字样就以为可以大胆食用。

蔗糖，也就是俗称的白砂糖。没有添加蔗糖，不等于没有添加其他糖类，如"糊精""麦芽糖""结晶果糖""淀粉糖浆""玉米糖浆"等，贪吃添加这些糖类的"无蔗糖"食品，血糖仍会亮红灯。许多喜爱甜食的糖尿病患者误认为这种不含蔗糖的食品不会使血糖升高，也会让很多减肥健身的人认为它们并没有太多的热量，可以随意摄入。如图51这款酸奶，宣称"0蔗糖"，但配料表中不仅含有麦芽糖醇，还有添加量≥10%的果酱，果酱中依然含有大量的糖类，所以食品包装袋上标注"无蔗糖"，并非真的不含糖。

图51　某酸奶标签信息

另外，还有一部分食品没有添加上述糖类，吃起来却是甜的，那是因为添加了甜味剂，如图52中黑巧克力涂层无糖威化饼干添加了麦芽糖醇、麦芽醇。人类感受到甜味是通过细胞膜上的甜味受体实现的，而甜味剂的原理是直接激活味蕾细胞上的甜味接受器，模拟自然直接感受到的甜味过程。甜味剂本身不升高血糖、不产生能量，只要在法规允许的添加范围内添加都是安全的。

不添加A但其实含有A

这一类在食品从业领域也称"原料带入"，最为隐形，消费者从标签上确实看不到宣称不添加的原料，因为配料表上不会出现。但实际上，其他

图52 无糖威化饼干标签中的"甜味剂"

配料里是含有的，只不过消费者不具备专业背景和辨识能力。给大家举两个典型的例子。

● 不添加防腐剂 ≠ 不含有防腐剂

食品防腐剂的基本功能就是抑制微生物的生长和部分微生物产生毒素，从而保证食品的安全。在国家限量的安全范围内添加防腐剂是没有危害的，而且不添加防腐剂并不等于食品就不含防腐剂，这是对消费者的误导。

目前消费者熟悉的防腐剂有苯甲酸、苯甲酸钠、山梨酸、山梨酸钾四种。但还有一些比较冷门的防腐剂不被世人熟知，比如碳酸饮料中的二氧化碳（图53）也是其中之一，此外，还有一些食品中添加的食用香精（图54）并不是补充香味，而是发挥了防腐剂的作用。所以，不添加防腐剂和不含防腐剂是两个概念。

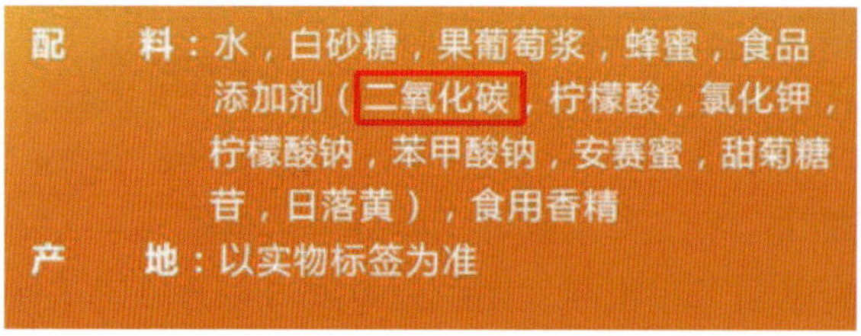

图53 碳酸饮料标签中的防腐剂 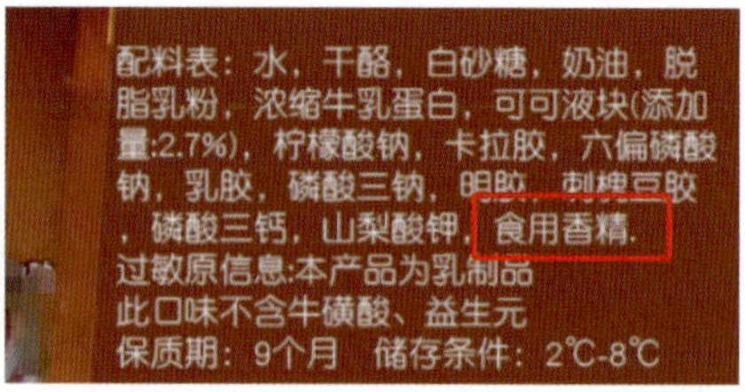　　图54 食品中作为防腐剂的食用香精

此外，食品中是否需要添加防腐剂与食品中的水分、糖分、盐分、酸度等都有关系。高糖、高盐、低酸、低水分都是防腐手段。比如含水分本身就很少的方便面、高糖的果酱、高盐的咸菜、酸度极低的调料等食品长期保存根本不需要添加防腐剂，所以消费者不能轻易相信食品不添加防腐剂的宣传。

● **不添加色素≠不含有色素**

遇到"不添加色素"的广告语，一些消费者通常就会认为食品没有添加色素，是无害的。其实有颜色的东西就含有色素，比如橙子、紫薯、菠菜、咖啡等都天然含有色素。色素可分为两类，一种是天然色素，另一种是人工合成色素。天然色素是天然提取的，目前允许在食品原料中使用的有几十种，如β-胡萝卜素、叶绿素，在食品中添加后稳定性比较好，但成本也较高。人工合成色素是自然界中不存在而由人工合成的，目前允许用于食品中的有10种左右，如胭脂红、柠檬黄等，这类色素相对比较便宜。现行国家食品添加剂标准中允许使用的人工合成色素都是经过毒理毒性试验的，只要企业在国家限量安全范围内添加，对人体健康就没有影响。

图55中果汁饮料，宣传"0添加色素"，如果厂家标识0人工合成色素可能会更严谨一些，其真实目的就是制造卖点和引诱消费者购买。

图55　果汁饮品宣传语"0添加色素"

"不含"是厂家在生产过程中不添加，而且重点是其使用的生产原料中也没有添加；"不添加"仅表明厂家在生产加工产品过程中不添加，但不排除生产原料中含有。消费者要真正认识到"不添加"≠"不含有"，而所谓"0添加"只是商家的商业宣传，不要看宣传了什么，要看配料表中有什么，深入解读配料表，是对自身健康和权益负责。

3.5 关注配料表前三位"重量级人物"

大多数过度加工的预包装食品，不易通过其产品名称来判断属性类别，如图56中原味酸奶乳酸菌饮料，想象着其中奶含量丰富，但如果仔细看配料表就会发现，前三位是水、白砂糖、全脂奶粉，那基本就是一瓶加了牛奶的糖水。

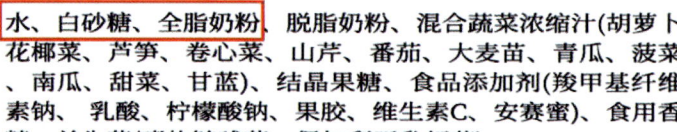

图56　原味酸奶乳酸菌饮料配料表

食品中添加的成分都需要写在配料表中，如果添加了某一成分却没有标示，则属于违法行为。因此，配料表和营养成分表也被称作是食品包装"最后的真诚"。学会看配料表，是为了让消费者更好地选择适合自己的产品。

首先，找到配料的位置。根据《食品安全国家标准　预包装食品标签通则》（GB 7718—2011），配料表一般会以"配料""配料表"为引导词出现（图57）。不是所有食品会用这个词，有时也会用"原料""原料与辅料"代替"配料""配料表"，这是因为该食品在加工过程中所用的原料已改变为其他成分，比如酒（图58）、酱油、食醋等发酵产品。

其次，阅读配料表中的内容。食品包装上的配料并不是胡乱堆放的，配料表中的配料顺序基本是按照添加量的多少降序排列的。如果某种配料是复合物，还需要标示复合配料的原始配料，也就是在该配料后的括号内按加入量的递减顺序标示，加入量<25%且已有国家标准/行业标准/地方标准的除外（如酱油）。

乱花渐欲迷人眼　标签切勿想当然 ③

在这些配料中，有一类比较特殊，叫作"可食用包装物"，比如香肠的胶原蛋白肠衣、包裹糖块的糯米纸等，也应标示原始配料。

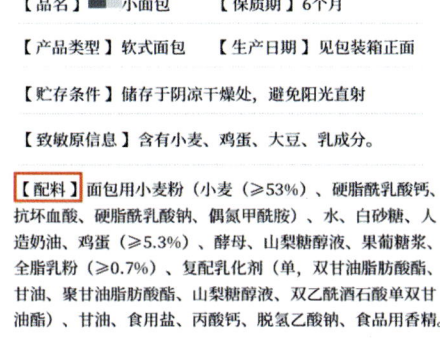

图57　配料表

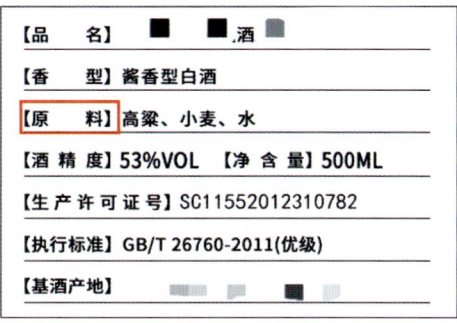

图58　酒配料表

如图59所示，该巧克力产品配料按照加入量的递减顺序全部标示了原始配料的具体名称：可可液块，白砂糖，乳脂肪，可可脂，食用植物油，食品添加剂［乳化剂（大豆磷脂）］，食用香精。

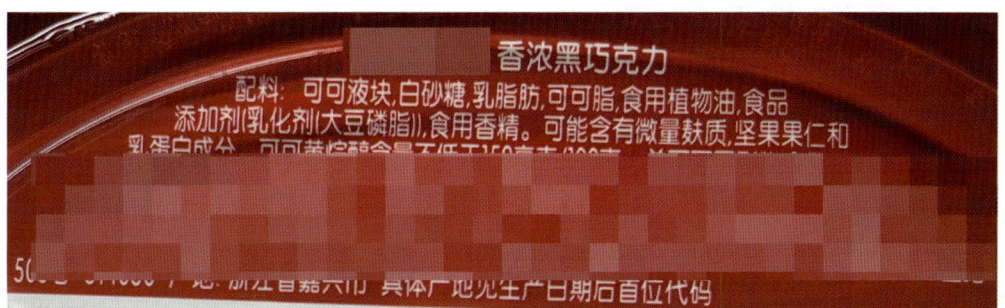

图59　巧克力产品标签配料表

如图60所示，该芝麻糊并不是芝麻熬成的糊，看配料表就发现，排第一位的是大米，排第二位和第三位的分别是麦芽糊精和白砂糖，然后才是黑芝麻、核桃、大豆等，所以该芝麻糊其实是大米、白糖、芝麻混合在一起的米糊。

最后，关注配料中具体的含量标识。既然配料表是按照添加量的多少排序标识，为什么还要再标识某种配料的具体含量呢？这就涉及一个冷门知识："配料表的定量标识"，即食品包装上如果特别强调添加或含有一种或多种有价值、有特性的配料或成分，就应标识该配料的具体含量。相应地，如果在食品的标签上还特别强调某成分的含量较低或无时，也应标识该成分的含量。如果只是强调食品口味时可以不进行标识。此外，如果该特征成分只在食品名称中提及，可以不标识该成分的添加量。

图60中黑芝麻糊的产品包装上含有"核桃芝麻糊""低饱和脂肪""含有维生素E"等宣传，但配料表或营养成分表中并没有对应的含量，不符合国家标准规定。图61中的果汁饮料，在配料表附近明确标识果汁含量。图62是添加了胶原蛋白肽的秋梨膏，配料中也对消费者公开了胶原蛋白肽的添加量。

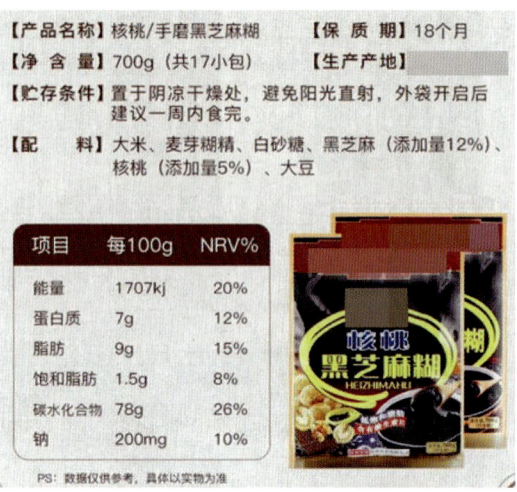

图60　黑芝麻糊标签配料表

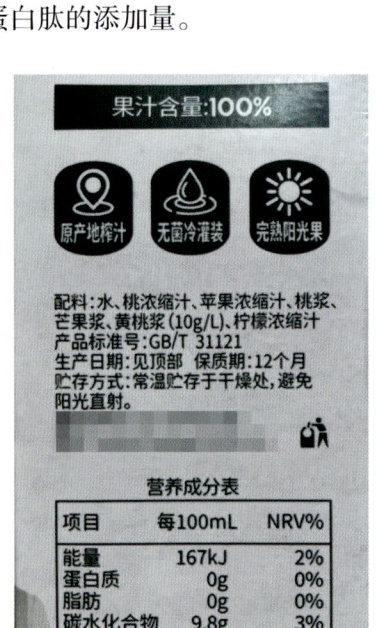

图61　果汁配料表　　　图62　某秋梨膏配料表

很多人不知如何选购食品的根本原因其实是不善观察，而提高食品安全意识的第一步就是主动看并看懂食品配料表。通过观察这小小的配料表，可以初步推断想购买的食品是不是适合、够不够营养，注重的某成分添加得足不足。笔者相信随着大众消费水平的提升，消费者定会逐渐将注意力从食品安全问题上转移到食品的质量和营养上，相关食品标签知识会逐渐普及千家万户，每个人都能做自己的营养专家。

学会数理化（算含量），走遍超市都不怕

不管是逛实体商场超市挑选货架上琳琅满目的包装食品，还是徜徉在网络平台绚丽缤纷的线上超市，面对众多包装食品，性价比和是否适合自己始终是消费者的核心考量。正所谓：货比三家不吃亏，含量高低心明白。

1. 配料含量别糊涂

很多食品为了证明自己使用了真材实料，亦或是添加了某些特殊的原料，一般都会在标签上特别标注特色的原料名称或者某些原料的含量。这个时候一定要特别擦亮眼睛、保持高度的计算能力，因为一大波脑筋急转弯正在向你奔来。

如图63这款黑猪午餐肉，包装宣称肉含量≥85%，当你满心欢喜买回家，反过来看配料的时候发现，黑猪肉只有55%，其他30%是普通猪肉。所以，如果你介意这种混合肉类，就请仔细计算含量吧。

图63 黑猪午餐肉配料表

再比如图64中这款牛奶饮品，包装正面宣称特别添加了藜麦和燕麦。再看配料表，在生牛乳后面第二个配料是燕麦藜麦酱，再往后看，第四个配料是燕麦粉。因此可以得出燕麦是通过燕麦藜麦酱和燕麦粉加入进去的，而藜麦是通过燕麦藜麦酱中加入的。与此同时，可以看到燕麦藜麦酱中燕麦的添加量≥15%，此刻，请不要天真地相信，因为那是燕麦在燕麦藜麦酱中的含量，而并非燕麦在牛奶中的含量。耐着性子往配料表下面看，有一行字"生牛乳添加量≥60%，燕麦藜麦酱添加量20%"。可以用20%×15%=3%得出燕麦在整个牛奶中的添加量为3%。以此类推，藜麦为20%×1%=0.2%。所以，尽管这瓶牛奶饮品有280 g，一瓶里面也仅含有8.4 g（280×3%）的燕麦以及0.56 g（280×0.2%）的藜麦。

图64　牛奶饮品配料表

2. 营养含量多验证

验证营养含量需要一个小帮手：营养成分表。图65为营养成分表的结构举例。当标示其他可选择标示的成分时，应采取适当形式（如加粗字体、选择黑体、加大字号等方式）使"1+4"更加醒目。

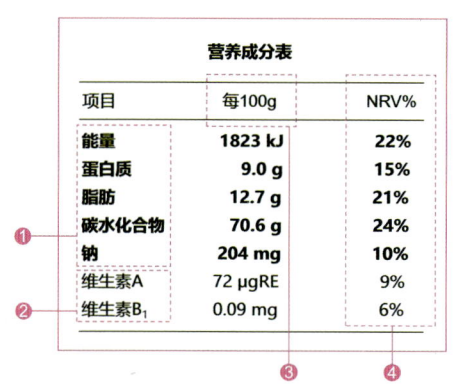
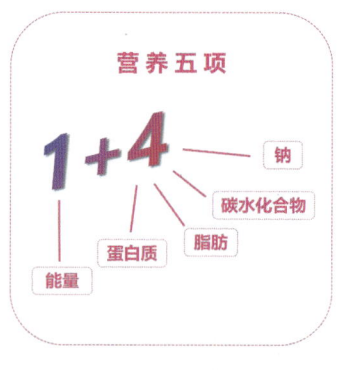

①：营养五项；②：其他营养成分；③：营养成分对应的含量数值，一般以每100 g或每100 mL的量来标示；④：中国食品标签营养素参考值。

图65　食品标签营养成分表

其中最重要的当属营养成分的含量了，如图66所示，一包蛋糕的总重量为250 g，一共有12块，那么每块大约重20 g，根据营养配料表中的1 479 kJ/100 g热量计算，每块蛋糕1 479 ÷ 5≈295 kJ，大约为71千卡。以此类推，如果想知道脂肪含量，就是每块蛋糕10.1 ÷ 5≈2 g脂肪。只要掌握了这个本领，任何拿到手的食品，根据自己估算的摄食量就能了解自己摄入了多少能量、蛋白质、碳水化合物、钠甚至是维生素、矿物质。

营养成分表

项目	每100g	NRV%
能量	1479KJ	18%
蛋白质	9.0g	15%
脂肪	10.1g	17%
碳水化合物	56.0g	19%
钠	212mg	11%

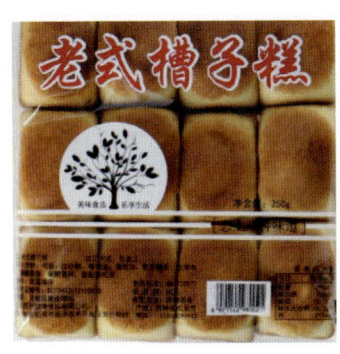

图66　某蛋糕营养成分表

值得注意的是，营养成分表中标识的每100 g或100 mL的量（图67），并非是整个食品的总量，要计算摄入的营养成分就需要考虑摄入的总量。

有一些食物生产企业，为了让能量、脂肪、钠等数值看起来少一点，就不会用每100 g的含量告诉消费者。比如某薯片采用图68这种每份食用量的营养含量去标识。如果消费者吃了3小袋，几乎就是100 g，就吃掉了1 986 kJ热量，约为500千卡的热量！不经意间就可能导致体重猛增。

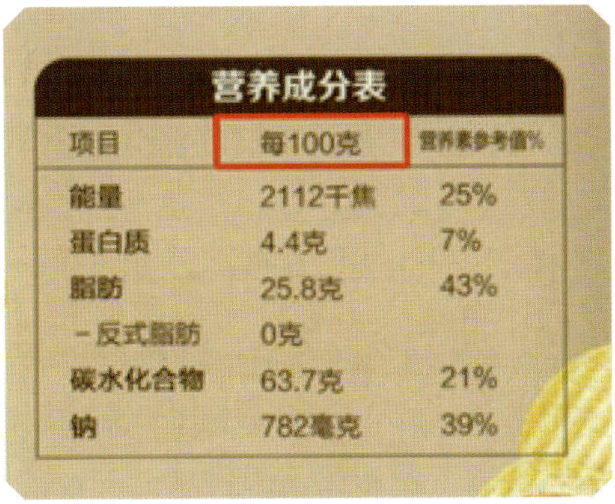

营养成分表

项目	每100克	营养素参考值%
能量	2112千焦	25%
蛋白质	4.4克	7%
脂肪	25.8克	43%
－反式脂肪	0克	
碳水化合物	63.7克	21%
钠	782毫克	39%

图67　以每100 g计能量的薯片营养成分表

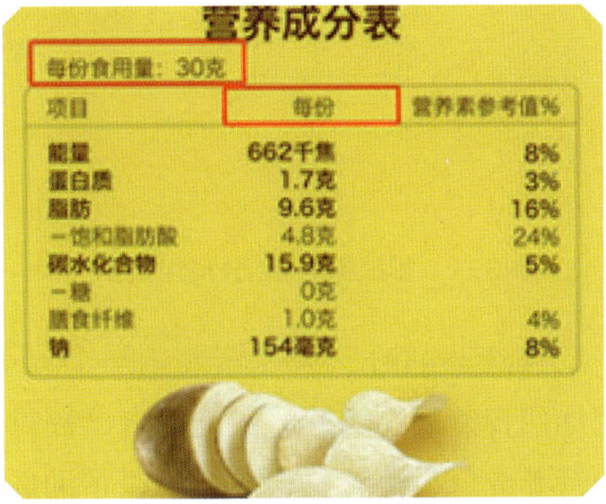

营养成分表

每份食用量：30克

项目	每份	营养素参考值%
能量	662千焦	8%
蛋白质	1.7克	3%
脂肪	9.6克	16%
－饱和脂肪酸	4.8克	24%
碳水化合物	15.9克	5%
－糖	0克	
膳食纤维	1.0克	4%
钠	154毫克	8%

图68　以每份计能量的薯片营养成分表

同样都是0蔗糖的宣传，但营养成分表中碳水化合物的值却完全不同。以下两个例子可以解释原因。

如图69是一款酸奶，该产品包装标签宣传"0蔗糖"，在配料表中确实没有找到蔗糖，但存在麦芽糖醇、甜菊糖苷，甚至是果酱。营养成分表显示碳水化合物高达11.5 g/100 g，所以该酸奶只是用其他有能量的糖类替换了蔗糖，并不代表它的能量会很低。

如图70是一款饮料，也宣称"0蔗糖"，但是在配料中发现了抗性糊精、安赛蜜、蔗糖素等可疑糖类成分。营养成分表中碳水化合物含量为0 g/100 mL，膳食纤维为1.5 g/100 mL。因此，可以猜测除了蔗糖并没有添加其他产生大量能量的糖类。抗性糊精是一种低热量葡聚糖类的水溶性膳食纤维，能量仅为普通糖的一半；安赛蜜和蔗糖素是不会产生热量的添加剂（甜味剂）。

因此，如果你是一位想要控糖的消费者，一定要看清食品标签中配料、营养成分表信息。

图69 "0蔗糖"酸奶标签信息

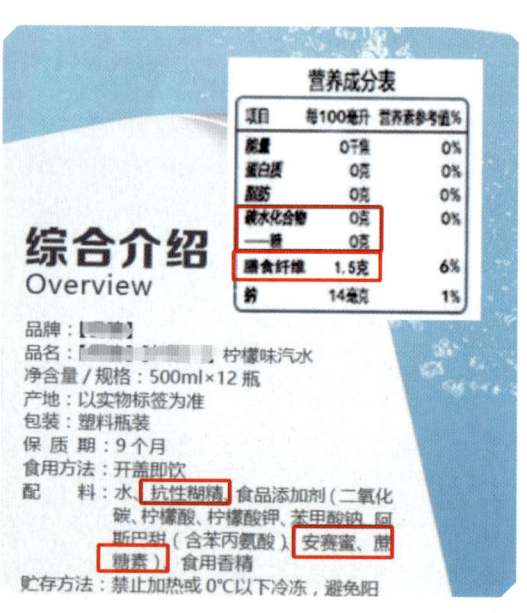

图70 "0蔗糖"汽水标签信息

挑选商品时，会计算含量是十分重要的，不止可以搞清商品性价比，做出更加明智的购物决策，更能为自己提供更优的健康选择，对一些需要控制摄入量的营养成分，会计算含量就可以帮助选择更符合自己健康需求的产品。这样科学理性地选择适合自己的产品,既能避免盲目购买和浪费,又有利于促进健康生活方式的形成。

3.7 "无""不含""低""含有""高""富含"暗藏玄机

在挑选食物时,有没有看到过如"低糖""低钠""高膳食纤维""高蛋白"这类宣传语(图71)?健身结束教练推荐蛋白粉时有没有质疑过"高蛋白产品"?其实,面对形形色色、包装各异的食品及包装上的宣传,消费者在购买商品时往往选择困难。有无真假难分,含量高低难辨。

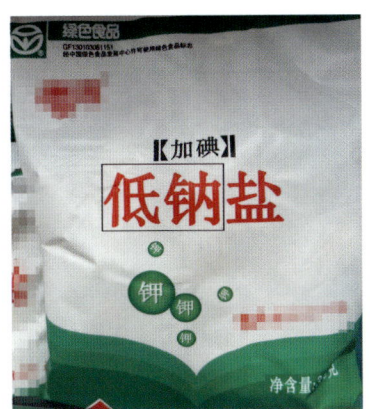

图71　食品包装上"低钠""高蛋白""高膳食纤维"宣传语

其实,解开困难的钥匙就藏在营养标签里。在预包装食品标签上会向消费者提供食品营养信息和特性的说明,包括营养成分表、营养声称和营养成分功能声称。营养声称包括含量声称和比较声称。对于描述食品中能量或营养成分含量水平的声称包括"含有""高""低""无"等。《食品安全国家标准　预包装食品营养标签通则》(GB 28050—2011)明确规定了预包装食品营养标签标示的任何营养信息,应真实、客观,不得标示虚假信息,不得夸大产品的营养作用或其他作用。能量和营养成分含量声称的要求和条件见表5。

表5　能量和营养成分含量声称的要求和条件

项目	含量声称方式	含量要求[a]	限制性条件
能量	无能量	≤17 kJ/100 g（固体）或100 mL（液体）	其中脂肪提供的能量≤总能量的50%
	低能量	≤170 kJ/100 g固体 ≤80 kJ/100 mL液体	
蛋白质	低蛋白质	来自蛋白质的能量≤总能量的5%	总能量指每100 g/mL或每份
	蛋白质来源，或含有蛋白质	每100 g的含量≥10% NRV 每100 mL的含量≥5% NRV或 每420 kJ的含量≥5% NRV	
	高，或富含蛋白质	每100 g的含量≥20% NRV 每100 mL的含量≥10% NRV或 每420 kJ的含量≥10% NRV	
脂肪	无或不含脂肪	≤0.5 g/100 g（固体）或100 mL（液体）	
	低脂肪	≤3 g/100 g固体；≤1.5 g/100 mL液体	
	瘦	脂肪含量≤10%	仅指畜肉类和禽肉类
	脱脂	液态奶和酸奶：脂肪含量≤0.5%； 乳粉：脂肪含量≤1.5%	仅指乳品类
	无或不含饱和脂肪	≤0.1 g/100 g（固体）或100 mL（液体）	指饱和脂肪及反式脂肪的总和
	低饱和脂肪	≤1.5 g/100 g固体 ≤0.75 g/100 mL液体	1.指饱和脂肪及反式脂肪的总和 2.其提供的能量占食品总能量的10%以下
	无或不含反式脂肪酸	≤0.3 g/100 g（固体）或100 mL（液体）	
胆固醇	无或不含胆固醇	≤5 mg/100 g（固体）或100 mL（液体）	应同时符合低饱和脂肪的声称含量要求和限制性条件
	低胆固醇	≤20 mg/100 g固体 ≤10 mg/100 mL液体	

（续表）

项目	含量声称方式	含量要求[a]	限制性条件
碳水化合物（糖）	无或不含糖	≤0.5 g/100 g（固体）或100 mL（液体）	
	低糖	≤5 g/100 g（固体）或100 mL（液体）	
	低乳糖	乳糖含量≤2 g/100 g（mL）	仅指乳品类
	无乳糖	乳糖含量≤0.5 g/100 g（mL）	
膳食纤维	膳食纤维来源或含有膳食纤维	≥3 g/100 g（固体） ≥1.5 g/100 mL（液体）或 ≥1.5 g/420 kJ	膳食纤维总量符合其含量要求；或者可溶性膳食纤维、不溶性膳食纤维或单体成分任一项符合含量要求
	高或富含膳食纤维或良好来源	≥6 g/100 g（固体） ≥3 g/100 mL（液体）或 ≥3 g/420 kJ	
钠	无或不含钠	≤5 mg/100 g或100 mL	符合"钠"声称的声称时，也可用"盐"字代替"钠"字，如"低盐""减少盐"等
	极低钠	≤40 mg/100 g或100 mL	
	低钠	≤120 mg/100 g或100 mL	
维生素	维生素×来源或含有维生素×	每100 g中≥15% NRV 每100 mL中≥7.5% NRV或 每420 kJ中≥5% NRV	含有"多种维生素"指3种和（或）3种以上维生素含量符合"含有"的声称要求
	高或富含维生素×	每100 g中≥30% NRV 每100 mL中≥15% NRV或 每420 kJ中≥10% NRV	富含"多种维生素"指3种和（或）3种以上维生素含量符合"富含"的声称要求
矿物质（不包括钠）	×来源，或含有×	每100 g中≥15% NRV 每100 mL中≥7.5% NRV或 每420 kJ中≥5% NRV	含有"多种矿物质"指3种和（或）3种以上矿物质含量符合"含有"的声称要求

（续表）

项目	含量声称方式	含量要求[a]	限制性条件
	高，或富含×	每100 g中≥30% NRV 每100 mL中≥15% NRV或 每420 kJ中≥10% NRV	富含"多种矿物质"指3种和（或）3种以上矿物质含量符合"富含"的声称要求

注：1. [a] 用"份"作为食品计量单位时，也应符合100 g（mL）的含量要求才可以进行声称。

2. 中国食品标签营养素参考值（Nutrient Reference Values，NRV），是食品营养标签上比较食品营养素含量多少的参考标准，是消费者选择食品时的一种营养参照尺度。

除了含量声称方式的标准语外，还有很多同义语可以当作相同情况作为替换理解，如等同于"不含/无"的同义词可以是：零（0）、没有、0%、未含、零（0）含量、含量为0，以及与这些内容本质相同的用语；等同于"含有、来源"的同义词可以是：提供、含、有；等同于"富含、高"的同义词可以是：良好来源、含丰富××、丰富（的）××、提供高（含量）××"等；等同于"不添加"，"不使用"的同义语可以是："未添加、零添加、无添加、未使用、没加、没用、没使、没使用、未用，以及与上述内容本质相同的用语。

此外，声称方式中还有一类叫作比较声称，一般是指与参考食品比较，营养素含量增加或减少25%以上。当然，参考食品应该为消费者熟知、容易理解的同类或同一属类食品。比较声称也会出现同义语，如"增加"就会有增、加、增高、增加×%/倍、增×%/倍、加×%/倍、添加×%、多×%等，以此类推，减少也有减低、降低等类似的同义语。

配合图片看懂食品的"身份证"，选购游刃有余，所谓手里有秤、心里不慌。图72为乳酸菌饮料，能量为39 kJ/100 g，因符合≤170 kJ/100 g属于低能量饮料；维生素D的NRV为34%，符合≥30%NRV，因此可以宣称富含维生素D。图73中植物蛋白饮料因胆固醇标识0 mg，且脂肪含量符合低脂肪的要求，因此宣传不含胆固醇是合规的。但是如图74中饮料，虽然营养成分表中标识了多种矿物质，但是它却不可以提及"含有多种维生素"这种宣传，因为产品标签中没有3种及以上矿物质含量符合"含有"或"富含"的声称要求。

乱花渐欲迷人眼　标签切勿想当然

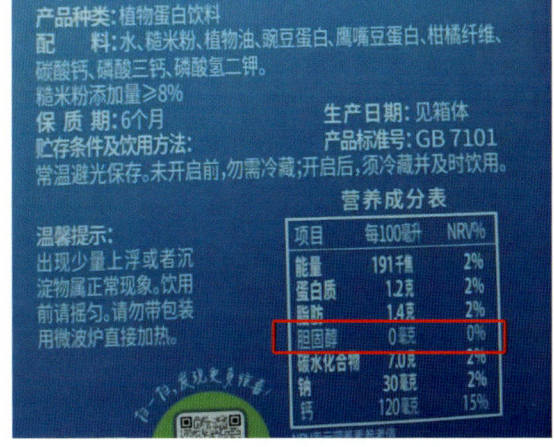

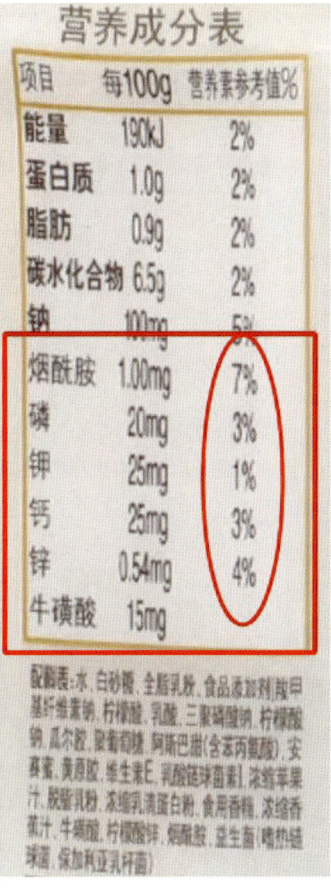

图72　乳酸菌饮料营养成分表

图73　植物蛋白饮料营养成分表

图74　某饮料营养成分表

再以两款肉制品为例，图75的瘦肉火腿宣称了低碳水，其营养成分表中脂肪含量符合≤10%的要求，可以称为瘦肉火腿，且碳水化合物仅为2.9 g/100 g远低于5 g/100 g的标准。图76的鸡胸肉在网页上附有高蛋白、低碳水、低脂、低钠的宣传，再对比表5的要求，是符合营养宣称要求的合规产品，达标。

消费者在购买商品时，往往会关注产品的外包装图案和宣传文字，但经常会遇到一些难以判断的情况，对产品的宣传是否真实可靠、是否符合相关的标准和规定没有认知和判定标准。消费者应掌握营养宣称标准，以此为工具判断想购买的商品是否合规，是否真正符合消费者对健康和营养的需求。关注产品的价格和品牌固然重要，但更要关注产品的营养成分和健康效益。只有掌握了正确的营养宣称标准，消费者才能更好地判断产品的真实价值和合规性，从而做出更明智的购买决策和更健康、更合理的消费选择。

图75 瘦肉火腿营养成分表　　图76 鸡胸肉制品营养成分表

3.8 分清"有机""绿色""合格"

随着人们越来越重视食品安全与健康，标着有机食品、绿色食品以及合格农产品的各类食品随着消费者的需求应运而生（图77）。但是，你知道吗？这些食品之间也有"段位赛"，差距还不小呢！

图77 有机食品、绿色食品和合格农产品

有机食品、绿色食品以及合格农产品有什么共同点？又有什么区别？

1. "三品"的共同点

有机食品、绿色食品和无公害农产品都是安全食品，它们从种植、收获、加工生产、储存及运输过程中都采用了无污染的工艺技术，实行了从土地到餐桌的全程质量控制，保证了食品的安全性。

2. "三品"的区别

有机食品

主要特点是来自于生态良好的有机农业生产体系。有机食品的种植、养殖和生产加工过程中，均不允许使用农药、化肥、防腐剂等任何人工合成的化学物质，也不使用基因工程生物及其产物。有严格的质量管理体系、生产过程控制体系和追踪体系；且需要得到有机食品认证机构的认证。它充分彰显了生态安全，满足消费者追求生态、环保的消费需求。

绿色食品

绿色食品，是指产自优良生态环境、按照绿色食品标准生产、实行全程质量控制并获得绿色食品标志使用权的安全、优质食用农产品及相关产品。

合格农产品

指产地环境、生产过程和产品质量符合国家有关标准和规范要求，严格控制使用化学农药，农药残留量一定要控制在限量范围内，禁止使用高毒、高残留或者具有致癌、致畸、致突变作用的农药。食用农产品承诺达标合格证指食用农产品生产经营主体根据质量安全控制、检测结果等依法开具，保证其销售的食用农产品农药兽药残留等符合农产品质量安全标准，落实主体责任的质量安全标识。

因此，食品安全性、加工标准和质量认证方面：有机食品>绿色食品>合格农产品（图78）。

认清"三品"标志选购不糊涂

对于消费者来说，有机食品、绿色食品和合格农产品概念总是很容易混淆。其实它们代表着不同的食品安全分级，是不会同时出现在包装上的。在选购食品时，消费者一定要认清标志！

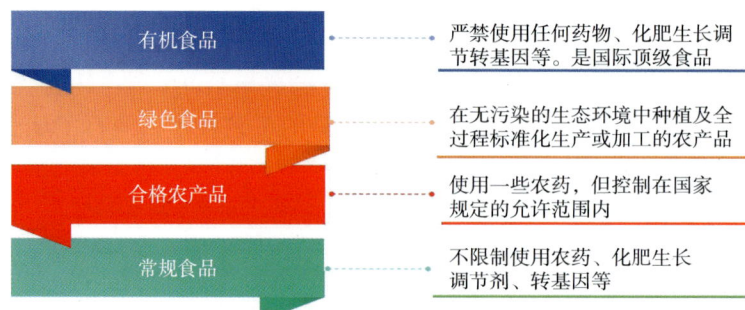

图78 "有机食品""绿色食品""合格农产品""常规食品"的区别

有机食品标志

有机食品是从英文"organic food"直译过来的。有机食品有三个标志。有机食品标志由两个同心圆、图案以及中英文文字组成。内圆表示太阳；类似手掌和叶片的图案泛指自然界的动植物；外圆表示地球。整个图案采用绿色，象征着有机产品是真正无污染、符合健康要求的产品。有机食品标志有效期1年（图79）。

图79 有机食品标志

中国有机产品标志形似地球，标志中间类似种子图形代表生命萌发之际的勃勃生机，象征有机产品是从种子开始的全过程认证；种子图形周围圆润自如的线条与种子图形合并构成汉字"中"，体现出有机产品植根中国（图80）。该标志的绿色代表环保、健康，橘红色代表旺盛的生命力。中国有机转换产品按国家标准规定使用，有机食品生产企业正在通过认证过程，其产品需要转换，在产品转换期间使用该标志，转换期一般3年。转换产品认证标志为褐黄色，代表肥沃的土地，表示有机产品在肥沃的土壤上不断发展（图81）。

图80 中国有机产品标志

图81 中国有机转换产品

乱花渐欲迷人眼　　标签切勿想当然

绿色食品标志

绿色食品标志由三个部分组成,即上方的太阳、下方的叶片和中心的蓓蕾，象征自然生态；颜色为绿色，象征着生命、农业、环保；图形为正圆形，意为保护（图82）。绿色食品标志图形描绘了一幅明媚阳光照耀下的和谐生机，告诉人们绿色食品正是出自优良生态环境的安全、优质食品，能给人们带来蓬勃的生命力，同时还提醒着人们要保护环境，通过改善人与自然的关系，创造自然新的和谐。消费者可登录"中国绿色食品网"辨认所购产品的真伪。

图82　绿色食品标志

朋友们，把好酒端上来吧

中国是白酒的故乡，拥有上千年的酿酒历史和丰富的白酒文化。白酒在我国饮食文化中一直占有着重要的地位，现今，不管是家居餐饮、亲朋相聚，还是商务宴请，都常常离不开白酒相伴。对于饮酒者而言，都渴望品尝到"好喝不上头"的美酒，而众多白酒爱好者们认为，纯粮、优质是确保一款白酒既好喝又不易上头难受的重要条件。但是，面对琳琅满目的白酒，如何选择质量过关的白酒，如何判断一款酒是纯粮酿造的还是勾兑生产的，并不是简单的问题。本节介绍如何通过白酒包装盒或瓶身上的食品标签来进行鉴别区分。

1. 看配料表

实际上白酒标签中的配料表已经公布了答案。纯粮酒，顾名思义，酿造原料只需要粮食，如小麦、大米、玉米等，所以配料表里应该只有粮食和水，不会凭空出现其他种类的添加剂；如果配料表里出现了多种添加剂，尤其是出现了食用酒精、食用香精，则代表这款酒并不是纯粮酒。

2. 看白酒执行标准

食品标签上一串英文加数字就是白酒的执行标准号，正规白酒标签上都有。找到这个执行标准号之后，就可以通过这个代号来判定是否为纯粮酿造白酒了。

白酒的执行标准往往可以表示出某一款白酒的香型和生产工艺等，而这个生产工艺正是判断一款白酒是否由纯粮酿造而成的关键。最常见的执行标准为：《白酒质量要求》（GB/T 10781）、《液态法白酒》（GB/T 20821—2001）和《固液法白酒》（GB/T 20822—2001）。

其中GB/T 10781，是固态法白酒的执行标准，如果一款酒的标签上出现了这个标准，那就说明这款酒的酿造原料是纯粮食，制作工艺为传统发酵工艺，是我们常说的纯粮酒。GB/T 10781又依据白酒香型的不同，分为《白酒质量要求　第1部分：浓香型白酒》（GB/T 10781.1—2021）（图83）、《白酒质量要求　第2部分：清香型白酒》（GB/T 10871.2—2021）（图84）等，但不论是哪种香型，只要执行标准是GB/T 10781，那就是纯粮酒。

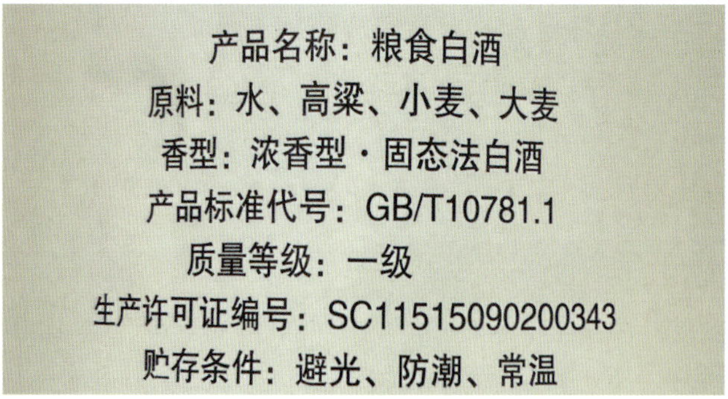

产品名称：粮食白酒
原料：水、高粱、小麦、大麦
香型：浓香型·固态法白酒
产品标准代号：GB/T10781.1
质量等级：一级
生产许可证编号：SC11515090200343
贮存条件：避光、防潮、常温

图83　浓香型白酒标签

原料：水、高粱、大麦、豌豆
产品标准代号：GB/T10781.2
质量等级：优级
食品生产许可证编号：SC11514118200634
贮存条件：避光、防潮、常温
生产日期：见瓶盖
产地/地址：
电话：0358
过量饮酒

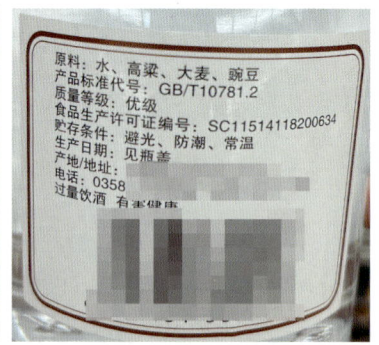

图84　清香型白酒标签

乱花渐欲迷人眼　标签切勿想当然

如果执行标准是GB/T 20822（图85），为固液法白酒，说明这款酒是由食用酒精和纯粮发酵粮食酒共同组成的，这样的酒并不属于纯粮酒，可以认为是半粮食酒。

如果执行标准是GB/T 20821，为液态法白酒，那么这款酒是用食用酒精为基酒制作而成的，就是俗称的勾兑酒。

常见酿造方法及标准号见表6。

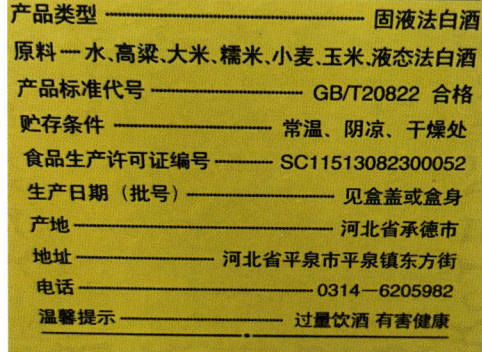

图85　半粮食酒标签

表6　常见酿造方法及标准号

酿造方法	常见标准号	备注
固态法	GB/T 10781.1、GB/T 10781.2、GB/T 10781.3、GB/T 10781.8、GB/T 10781.9、GB/T 14867、GB/T 16289、GB/T 20823、GB/T 20824、GB/T 20825、GB/T 23547、GB/T 26760、GB/T 26761	纯粮酒
固液法	GB/T 20822	非纯粮酒
液态法	GB/T 20821	非纯粮酒

在白酒的食品标签上，对于纯粮酒，通常在执行标准后面还会出现"优级""一级""二级"这样的字样，"优级""一级""二级"指的是纯粮酒的等级，只有当前面的执行标准达到纯粮酒才会出现等级标记。这些等级从优到劣顺序为"优级""一级""二级"，对于同一品牌白酒，等级越高，酒质越好。虽然带着"优级"的酒并不一定好喝，但是好酒往往都是优级。

除此之外，还有少部分得到认证的白酒厂家可以使用地理标志产品标准，这些白酒可以从执行标准中反映出它的产地。地理标志产品执行标准意味着离开这个地方或不使用这种工艺就无法生产出该款白酒。表7列出了部分白酒地理标志产品标准。

表7　部分白酒地理标志产品标准

白酒类别	标准
贵州茅台酒	GB/T 18356

(续表)

白酒类别	标准
水井坊酒	GB/T 18624
古井贡酒	GB/T 19327
西凤酒	GB/T 19508
剑南春酒	GB/T 19961
牛栏山二锅头酒	GB/T 21263
国窖1573酒	GB/T 22041
洋河大曲酒	GB/T 22046
五粮液酒	GB/T 22211
酒鬼酒	GB/T 22736

使用地理标志产品执行标准的白酒，其对于生产的要求很高，无论对酒水的生产环境还是酿造工艺，亦或是对生产的原材料都有详细的规定要求。一般而言，使用地理标志产品执行标准的白酒，其品质很高，常见于一些名酒。

白酒标签中的配料和执行标准是判断一款酒品质的重要依据，选择白酒时应重点关注这两个方面。

3.10 请摘下看食品添加剂的"有色眼镜"

一根棒棒糖至少有5种添加剂，一瓶饮料至少有7种添加剂，一袋香烤馍片至少有15种添加剂（图86）……如果一天都吃这些包装食品，人们可以吃下至少50种添加剂，想想就让人觉得难以接受。一般认为，不含添加剂的食品更安全，商家也瞄准了这一点来迎合消费者的心理，同时还能广开销路。然而，完全不使用添加剂的食品，在现代食品工业环境下几乎找不到。食品添加剂已经完全融入人们的生活，比如炒菜用的酱油、醋、蚝油，超市各类预包装熟肉制品等。那么，食品添加剂真的那么可怕吗？其实各类食品也很无奈："我口味鲜美、色泽诱人，但是我不危险！"

图86　棒棒糖、饮料、馍片常见食品

1. 食品添加剂不可怕

很多人对食品添加剂的恐慌都受前些年的苏丹红、孔雀蓝等食品危机事件的影响，真可谓"一朝被蛇咬，十年怕井绳"。不过，那些案例里的添加物"罪行"和危害可不能赖在食品添加剂上，这个锅要由违法添加物来背，食品添加剂不等于违法添加物。一方面，我国颁布的《食品安全法》明确指出，只有经过安全性评价不会给消费者的健康造成危害、并且在食品生产加工过程中有必要使用的物质才能作为食品添加剂。比如，番木瓜蛋白酶嫩肉粉，是天然提取的蛋白酶；常喝的各类饮料里就有β-胡萝卜素、日落黄、亮蓝、柠檬黄等，都是国家批准允许使用的合法食品色素，适量食用不会对健康产生影响。另一方面，这些给力的"魔术师"改变食物色泽、形态，防止食品在送到餐桌前腐败变质，在保证食品质量和稳定供应上同样功劳不小。

2. 适量食用，国家标准来把关

虽然合法，食品添加剂也不是随便放多少都可以。离开剂量谈危害也不靠谱。我国颁布的《食品安全国家标准　食品添加剂使用标准》（GB 2760—2024）对食品添加剂的适用范围和剂量都做了严格的规定，并对人体每日添加摄入量限值做了具体要求。有国家标准做后盾，食品添加剂的剂量问题自然就有了更高的保障。

3. 看懂食品标签里的"添加剂"

想要找到食品添加剂很容易，只需要去标签总的配料表里面看即可。不仅可以看到即将购买的食品中添加剂的种类和数量有多少，也可以初步辨别食品基本的感官状态。比如，当看到食品配料表中出现了"食用香精"，那么就可以判定这个食品是经过香精调配的，口感会比较好，风味也会比较突出。再比如，大部分饮料中都会出现"三氯蔗糖/蔗糖素"，很多消费者以为它是普通食品配料，甚至认为是蔗糖的一种。其实不然，它属于食品添加剂中甜味剂的一种。因此认识一些基本且常见的添加剂，是一个非常必要的技能，表8总结了常见食品中高频使用的添加剂。

表8 常见食品中高频使用的添加剂

食品添加剂种类	常见食品添加剂	典型食品	INS号	CNS号
着色剂	赤藓红	糕点上彩装；可可制品、巧克力；酱及酱制品	127	08.003
	靛蓝	蜜饯和糖果类；腌渍蔬菜；碳酸饮料；膨化食品	132	08.008
	日落黄		110	08.006
	核黄素	干制蔬菜（仅限脱水马铃薯）；方便米面制品；固体复合调味料	101（i）	08.148
	β-胡萝卜素	调制乳；熟化干酪；脂肪类甜品；果酱；蔬菜罐头等	160a	08.010
	辣椒红	腌渍的蔬菜；面糊、裹粉、煎炸粉；粮食制品馅料；腌腊肉制品类等	—	08.106
增味剂	氨基乙酸	预制肉制品；熟肉制品；调味品；果蔬汁（浆）类饮料等	640	12.007
	L-丙氨酸	调味品，如酱油、蚝油等	—	12.006
	琥珀酸二钠		—	12.005
	辣椒油树脂	再制干酪；腌渍的蔬菜；复合调味料；膨化食品	160c	00.012
	糖精钠	蜜饯、凉果类；果糕类；熟制豆类	954	19.001

（续表）

食品添加剂种类	常见食品添加剂	典型食品	INS号	CNS号
乳化剂	丙二醇	生湿面制品（如面条、饺子皮、馄饨皮、烧麦皮）；糕点	1520	18.004
	单，双甘油脂肪酸酯（油酸、亚油酸、棕榈酸、亚麻酸）	稀奶油；生干面制品；婴幼儿配方食品；香辛料类；其他糖和糖浆（如红糖、赤砂糖、冰片糖、原糖、果糖、糖蜜）	471	10.006
	果胶		440	20.006
	卡拉胶		20.007	407
	琥珀酸单甘油酯	调制乳；焙烤食品；蛋白或含乳饮料；脂肪、油	472 g	10.038
	磷脂	稀奶油；氢化植物油；婴幼儿配方奶粉	322	04.010
防腐剂	苯甲酸	冰棍类；果酱；腌渍蔬菜；复合调味料；酱、酱油、醋	210	17.001
	二氧化碳	饮料类；配制酒；其他发酵酒类（充气型）	290	17.014
	山梨酸	干酪和再制干酪及其类似品；氢化植物油；果酱；豆干再制品；面包糕点；熟肉制品	200	17.003
	硝酸钠	腌腊肉制品类；酱卤肉制品类；熏、烧、烤肉类；油炸肉类；西式火腿；肉灌肠类；发酵肉制品类；肉罐头类	251	09.001
	亚硝酸钠		250	09.002
稳定剂	丙二醇	生湿面制品（如面条、饺子皮、馄饨皮、烧麦皮）；糕点	1520	18.004
	D-甘露糖醇	糖果	421	19.017
	谷氨酰胺转氨酶	豆类制品	—	18.013
	黄原胶	稀奶油；生湿面制品（如面条、饺子皮、馄饨皮、烧麦皮）；香辛料类；特殊医学用途婴儿配方食品；果蔬汁（浆）	415	20.009
	甲壳素	冷冻饮品；果酱；蛋黄酱、沙拉酱；啤酒和麦芽饮料	—	20.018

（续表）

食品添加剂种类	常见食品添加剂	典型食品	INS号	CNS号
稳定剂	硫酸铝钾（钾明矾）	豆类制品；油炸面制品；焙烤食品；面糊（如用于鱼和禽肉的拖面糊）、裹粉、煎炸粉	522	06.004
抗氧化剂	茶多酚	油炸面制品；基本不含水的脂肪和油；方便米面制品；腌腊肉制品；预制水产品；膨化食品；油炸面制品	—	04.005
	丁基羟基茴香醚		320	04.001
	抗坏血酸	去皮或预切的鲜水果；去皮、切块或切丝的蔬菜；小麦粉；浓缩果蔬汁（浆）	300	04.014
	山梨酸钾	干酪和再制干酪及其类似品；氢化植物油；果酱；豆干再制品；面包糕点；熟肉制品	202	17.004
	维生素E	调制乳；基本不含水的脂肪和油；熟制坚果与籽类；复合调味料；蛋白饮料；膨化食品	307	04.016
增稠剂	醋酸酯淀粉	生湿面制品（如面条、饺子皮、馄饨皮、烧麦皮）	1420	20.039
	淀粉磷酸酯钠	脂肪含量80%以上的乳化制品；果酱；调味品；饮料类	—	20.013
	瓜尔胶	较大婴儿和幼儿配方食品	412	20.025
	海藻酸丙二醇酯	乳及乳制品；冰淇淋、雪糕类；果酱；可可制品、巧克力和巧克力制品；生湿面制品	405	20.010
	海藻酸钠	稀奶油；生湿面制品（如面条、饺子皮、馄饨皮、烧麦皮）；其他糖和糖浆；香辛料类；果蔬汁浆	401	20.004
甜味剂	麦芽糖醇	调制乳；风味发酵乳；加工水果；腌渍蔬菜；熟制豆类；可可制品、巧克力和巧克力制品	965（i）	19.005
	乳糖醇	稀奶油；香辛料类	966	19.014
	三氯蔗糖	调制乳；风味发酵乳；水果罐头；加工食用菌和藻类；焙烤食品；复合调味料；酱及酱制品；饮料类	955	19.016
	山梨糖醇	炼乳及其调制产品；果酱；糖果、面包糕点；调味料；饮料类	420（i）	19.006

（续表）

食品添加剂种类	常见食品添加剂	典型食品	INS号	CNS号
甜味剂	糖精钠	冷冻饮品；水果干类；腌渍蔬菜；熟制豆类	954	19.001
膨松剂	硫酸铝钾（钾明矾）	豆类制品；油炸面制品；焙烤食品；面糊（如用于鱼和禽肉的面糊）、裹粉、煎炸粉	522	06.004
	碳酸氢钠	大米制品（仅限发酵大米制品）；婴幼儿谷类辅助食品	500ii	06.001
	乳酸钠	生湿面制品（如面条、饺子皮、馄饨皮、烧麦皮）	15.012	325
	山梨糖醇	炼乳及其调制产品；果酱；糖果、面包糕点；调味品；饮料	420（i）	19.006
	酒石酸氢钾	小麦粉及其制品；焙烤食品	336	06.007
酸度调节剂	富马酸	胶基糖果；饼干、糕点；焙烤食品馅料及挂浆；碳酸饮料	297	01.110
	己二酸	胶基糖果；固体饮料；果冻	355	01.109
	L-(+)-酒石酸	面糊、裹粉、煎炸粉；固体复合调味料；果蔬汁（浆）类饮料；茶、咖啡、植物（类）饮料	334	01.111
	磷酸	乳及乳制品；其他油脂或油脂制品；蔬菜罐头；小麦粉；焙烤制品；熟肉制品；婴幼儿配方奶粉；膨化食品	338	01.106
	硫酸钙	豆类制品；小麦粉制品；面包糕点；腌腊肉制品；肉灌肠类	516	18.001

注：1. INS号是食品添加剂的国际编码，用于代替复杂的化学结构名称表述。
2. CNS号是食品添加剂的中国编码，由食品添加剂的主要功能类别代码和在本功能类别中的顺序号组成。
3. 依据为《食品安全国家标准　食品添加剂使用标准》（GB 2760—2014）。

对于普通消费者来说，只要认准规范厂家生产的产品，掌握了合法、适量及看标签三大标准，摘掉"有色眼镜"，合理购买所需食品，则食品添加剂有助于改善饮食品质、丰富购物选择。

3.11 买饮料前一定要人间清醒

饮料，作为消费者日常生活中不可或缺的饮品，在需要时为人体补充水分、丰富味蕾，也为人体提供了一定的营养。但现如今饮料乱象频出，迷惑行为越来越多，猜不透的产品名，看不懂的配料表，尝不出的添加剂，算不清的糖含量……

如图87中的气泡水竟然含有200多种配料！这样看似"搬空菜市场"的一瓶饮料几乎囊括了一个植物园。消费者可能存在这到底是种什么饮料的疑问。

本节重点介绍饮料这个大家族成员，给消费者厘清常见的误区。

饮料家族中，除包装饮用水外，根据成分、功能等不同标准，可分为多个类别：果蔬汁饮料、蛋白饮料、碳酸饮料、茶/咖啡/植物饮料、特殊用途饮料、风味饮料、固体饮料等。下文介绍常见的思想误区注意点。

图87　某气泡水配料表

注意点1：100%果汁≠原榨果汁

很多饮料在包装上注明了"100%果汁""纯果汁"，但是其配料表都包含水、某种水果的浓缩汁。这种果汁确切的叫法应该为复原果汁（reconstituted juice），其工艺是将水果榨汁后再去水浓缩以便延长其保存期后，待生产饮料的时候复水还原成果汁（图88）。所以说，100%果汁≠原榨果汁，只是不添加其他配料而已。

还有一种非浓缩还原果汁，也就是100%原榨果汁（not from concentrate，NFC）（图89）。这种果汁通常是指没有经过浓缩处理的果汁，直接从新鲜水果中榨取并消毒，然后包装销售。与复原果汁相比，非浓缩还原果汁没有经历去除水分的浓缩过程，也没有经过多次的高温破坏，水果中的大部分营养物质补充

乱花渐欲迷人眼　标签切勿想当然 ③

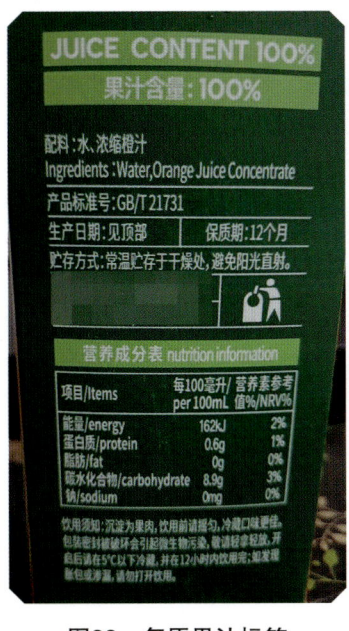

图88　复原果汁标签　　图89　非浓缩还原果汁

注意点2：果汁饮料≠果味饮料

这一字之差，就完全是饮料家族中的两个类别了。饮料中的果汁最少要达到10%才能被称为果汁饮料；而果味饮料是由糖、甜味剂、酸味剂和食用香精调制而成的（图90），属于风味饮料，它的味道主要是由香精调配出来的，其中含有的果汁成分很少，甚至一点果汁都不含。消费者选购时应注意。

图90　果味饮料标签

81

注意点3：蛋白饮料≠高蛋白饮料

蛋白饮料中，如杏仁露、核桃露、椰汁，以及豆奶等深受大众喜爱的植物蛋白饮料，有人喜欢它的口感，有人觉得它有营养。国家标准规定植物蛋白饮料中的蛋白质含量只要不低于0.5%即为合规（图91）。但是如果要声称高蛋白饮料，每100 g饮料中蛋白质含量应≥12 g。一般情况下，植物蛋白饮料未必能达到“高蛋白”的要求，消费者应仔细辨别。

产品信息

【名称】(植物蛋白饮料)

【配料】水、芒果浆、鲜椰子肉、椰纤果、白砂糖、酪蛋白酸钠、单双甘油脂肪酸酯、蔗糖脂肪酸酯、碳酸氢钠(小苏打)

【蛋白质含量】≥0.5%

【过敏原信息】本产品含有酪蛋白酸钠

【保质期】9个月（新款升级12个月质保期）

【贮存条件】常温储存、避免高温或阳光直射；开启后冷藏与4-6℃冰箱内，尽快饮完

营养成分表

项目	每100克	NRV%
能量	323千焦	4%
蛋白质	0.7克	1%
脂肪	3.5克	6%
碳水化合物	10.7克	4%
钠	74毫克	4%

图91　植物蛋白饮料标签

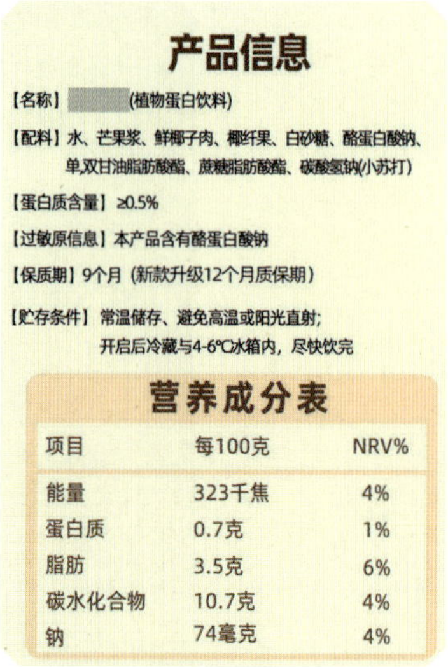

注意点4：乳酸菌饮料≠酸奶

乳酸菌饮料和酸奶都是基于牛奶的产品，虽然味道都是酸酸甜甜的，但它们在成分、制作过程和口感上有很大不同。①酸奶是通过将牛奶加热至一定温度后冷却，然后加入乳酸菌发酵剂，让牛奶在温暖的环境中发酵而制成的。发酵过程中，乳酸菌将乳糖转化为乳酸，使牛奶凝固并产生酸味，通常较稠。而乳酸菌饮料通常具有较轻薄的口感和更液态的质地，它是在发酵后的乳液中加入了水才会如此。②国家标准要求风味发酵乳中蛋白质含量≥2.3 g/100 g，发酵乳中蛋白质含量≥2.9 g/100 g，而乳酸菌饮料属于含乳饮料的一种，蛋白质含量≥0.7 g/100 g即可。③大部分乳酸菌饮料为杀菌型（图92），只有少部分是活菌型（图93），且配料表第一位多为水。而风味酸牛乳大部分都是活菌产品，其保质期较短，通常配料表第一位是生牛乳（图94）。

品名：杀菌型乳酸菌饮料

产品类型：杀菌型乳酸菌饮料　净含量：900mL

配料：水、白砂糖、食品添加剂（赤藓糖醇、果胶、柠檬酸、柠檬酸钠）、脱脂乳粉、生牛乳、食品营养强化剂（L-乳酸钙）、食品用香精、保加利亚乳杆菌、嗜热链球菌

营养成分表

项目	每 100mL
能量	119kJ
蛋白质	1.0g
脂肪	0g
碳水化合物	8.5g
糖	4.9g
钠	60mg
钙	71mg

图92　杀菌型乳酸菌饮料标签

产品名称：活性益生菌乳饮品

产品标准号：GB/T 21732

产品类型：活菌型乳酸菌饮品

贮存和运输条件：2°C~10°C冷藏

乳酸菌数≥1×10⁸CFU/100mL

配料表：水、白砂糖、脱脂乳粉、食用葡萄糖、食品用香精、副干酪乳酪杆菌。本品含乳成分。
副干酪乳酪杆菌PC-01添加量≥10mg/kg

营养成分表

项目	每100毫升	营养素参考值%
能量	274千焦	3%
蛋白质	1.1克	2%
脂肪	0克	0%
碳水化合物	15.0克	5%
钠	20毫克	1%
钙	35毫克	4%

*钙营养声称仅以每420kJ计

图93　活菌型乳酸菌饮品标签

红枣风味酸牛奶产品信息

品类:风味酸牛乳

净含量:1kg

保质期:25天

贮存条件:2℃~10℃冷藏

配料:生牛乳(>80%)、果葡糖浆、浓缩红枣汁、枸杞原汁、白砂糖、乳清蛋白粉、羟丙基二淀粉磷酸酯、果胶、琼脂、三氯蔗糖、食品用香精、德氏乳杆菌保加利亚亚种、唾液链球菌嗜热亚种

本品含乳成分

营养成分表

项目	每100克	营养素参考值%
能量	339千焦	4%
蛋白质	2.7克	5%
脂肪	3.0克	5%
碳水化合物	10.7克	4%
钠	75毫克	4%
钙	80毫克	10%

营养声称以每420kJ计

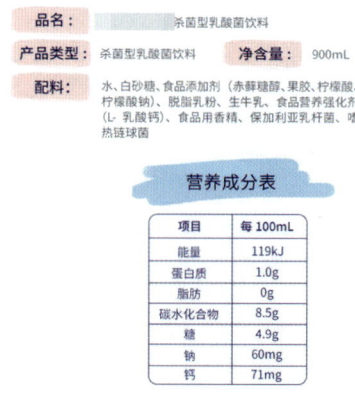

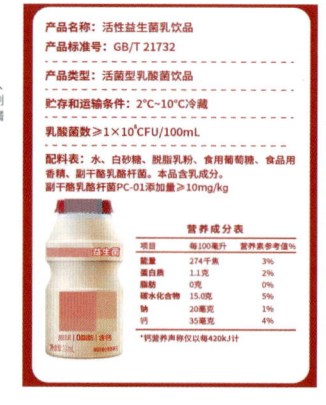

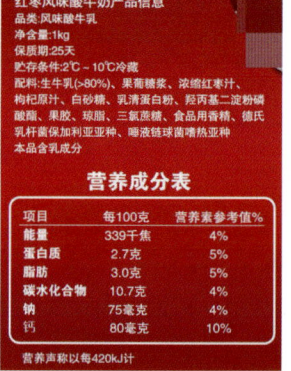

图94　风味酸牛乳标签

乱花渐欲迷人眼　标签切勿想当然

总的来说，酸奶和乳酸菌饮料都提供了一定的健康益处，但在选择时，应注意查看成分列表，选择适合自己的饮料。

注意点5：含乳饮料≠调制乳

含乳饮料和调制乳同样也都是基于牛奶的产品，只不过没有经过发酵，它们在成分、性质上也是有所区别的。①制作过程不同：含乳饮料通常是以水为基础，加入乳制品和其他配料调配而成的饮料。含乳饮料的乳含量较低，可能只占饮料总量的部分比例。而调制乳主要是以生牛乳或乳粉为基础，经过标准化、均质化等工艺处理，可能还会添加一些营养强化剂（如维生素、矿物质等），但不会添加过多的非乳成分。②蛋白质含量不同：国家标准要求含乳饮料蛋白质含量≥1 g/100 g（图95），而调制乳蛋白质含量≥2.3 g/100 g（图96）。③口感性状不同：含乳饮料更接近饮料，口感可能更轻薄，乳味不如纯牛奶或调制乳浓郁。而调制乳更接近牛奶，口感和营养成分更接近纯牛奶。

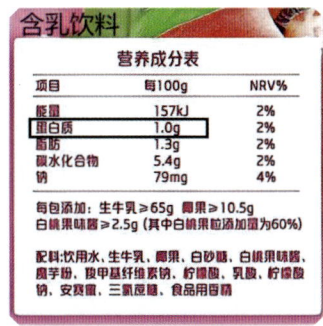

图95　含乳饮料标签信息 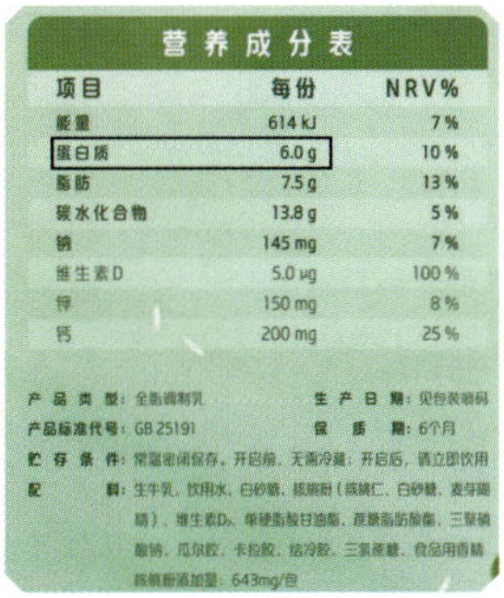　　图96　调制乳标签信息

注意点6：植物饮料≠植物蛋白饮料

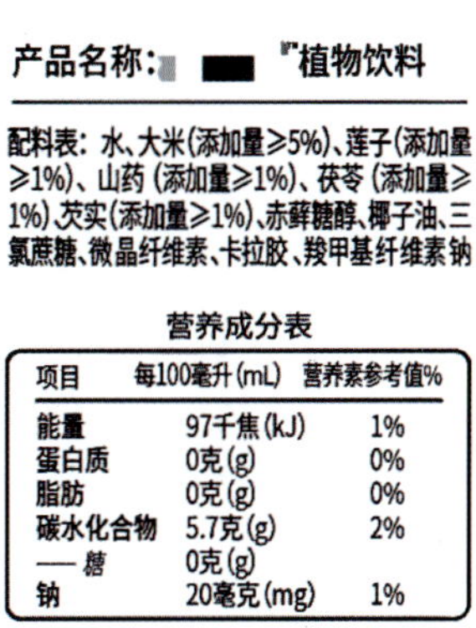

植物饮料是一类以植物为基础的饮料，包括水、植物或其提取物、糖、调味剂和其他添加剂的液体饮料（图97）。如可可饮料、谷物饮料、草本饮料、食用菌饮料、藻类饮料等都是植物饮料。通常不会含有过多的蛋白质，国家标准也不会要求蛋白质含量。

而植物蛋白饮料属于含乳饮料，这类产品通常是以植物蛋白为主要成分，如大豆蛋白、杏仁蛋白、椰子蛋白（图98）等，加水、植物油、调味剂和其他成

图97　植物饮料标签信息

分制成。植物蛋白乳旨在模仿传统牛奶的色泽、口感和用途，但不含动物蛋白。通常限定了蛋白质的含量，如豆奶饮料要求蛋白质含量≥1 g/100 g、核桃乳和杏仁露要求蛋白质含量≥0.55 g/100 g。

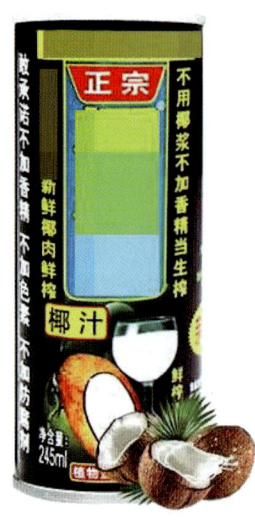

图98　椰子蛋白饮料标签信息

饮料的种类繁多，不同的饮料适合不同的人群和场合。消费者在购买饮料时，应该仔细阅读产品标签，了解产品的类别、成分和营养信息，以便根据自己的需求和口味做出合适的选择。同时注意适量饮用，保持健康的生活方式。

3.12　保质期和保存期，别傻傻分不清

平时人们购买食品时，不难发现一些食品的包装袋上写着"保质期几个月"或"保质期几天"；一些写着"某年某月某日前食用最佳"；还有一些写着"保存期至某年某月"。那"保质期"和"保存期"有什么区别吗（图99）？随便问几个消费者，几乎没有人说得清楚这两个概念的差别。对于这两个涉及百姓

乱花渐欲迷人眼　标签切勿想当然

日常消费的概念，往往被大部分人忽略，或者将二者当成一回事。

保质期≠保存期

"保质期""保存期"虽只有一字之差，意思却大有不同。保质期，又称最佳食用期，是指标签指明的贮存条件下，保持品质的期限，在这个期限内食品品质是有保障的（图100）。保存期，又称最终食用期，是指标签指明的贮存条件下，预计的终止食用日期，即超过保质期后仍能保持食用安全性的日期或期限，因此超过保存期的食品不宜食用。

保质期是厂家向消费者作出的保证，保证在标注时间内产品的质量是最佳的，但并不意味着过了时限，产品就一定会发生质的变化。超过保质期的食品，如果色、香、味没有改变，仍然可以食用。但保存期是硬性规定，是指在标注条件下，食品可食用的最终日期。超过了保存期，质量会发生变化，不再适合食用，更不能用于出售。

图99　如何区分"保质期"和"保存期"

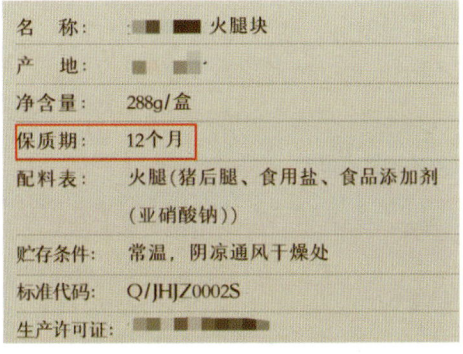

图100　某火腿块标签信息

标签上的保质期

为什么有的食品在包装袋上标注保质期，有的却没有标注保质期？

保质期常见于食品标签，食品生产经营者根据食品原辅料、生产工艺、包装形式和贮存条件等，根据食品科学和技术的基本规律进行确定。国家相关标准对食品保质期作出了具体规定，这个规定是生产企业必须达到的最低要求，通过改进工艺和包装，企业生产产品的实际标注保质期可以高于国家规定。就是说，只有预包装食品才有保质期，非包装食品是没有的。日常生活中，消费者在超市购买的一些散装食品，如大米、豆类、面粉、肉类等，本身就不是预包装食品，当然可以没有保质期。此外，国家标准里还有一些豁免保质期的食品，包括五大类：酒精度大于10%vol的饮料酒、食醋、食用盐（图101）、固态食糖和味精。

此外，食品包装上应清晰标示食品的生产日期和保质期，且日期标示不得另外加贴、补印或篡改。在已有的标签上通过加贴、补印等手段单独对日期进行篡改属于违法贴标。因此，消费者在选购食品看日期时要火眼金睛。

虽然并不是所有的食品都有保质期，但这并不意味着食品就可以随便放、无限期放，更不可能是放得越久越好。实际上，所有的食品都有自己的保存期。消费者购买食品时，不仅要看食品标签上标注的保存方式、保质期等信息，更要注意观察销售环境是否符合保存要求，避免为变质食品买单。

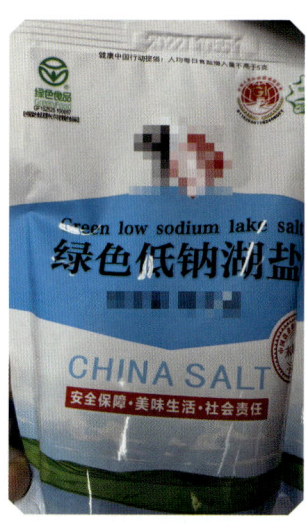

图101　豁免保质期的盐

表9为一些常见食品的保质期。

表9　一些常见食品的保质期

食品名称	保质期	备注
米、面	常温6~12个月	
食用油	常温密封18个月	开封后建议3个月内食用完
生肉	冷藏2~5天，冷冻6~12个月	
蛋类	常温3~5周	
巴氏鲜牛乳	常温1~3天	
超高温灭菌奶	常温6~12个月	采用利乐枕、利乐砖包装
奶粉	常温密封6~12个月	
面包	夏季1~2天，冬季3~5天	
糖果	常温12~18个月	
饼干	常温几个月不等	
汽水饮料	密封灌装常温6~12个月	
NFC果汁	密封灌装常温40~60天	非浓缩还原果汁

乱花渐欲迷人眼　标签切勿想当然

日常食物的保存与食用要注意以下3点。

①要注意按照要求储存食物。食物能储存多久，跟储存条件有很大关系。一般来说，同样的食物，储存温度越高，能保存的时间越短。例如，标签标识-18℃条件下能保存12个月，不等于室温25℃条件下也能存这么长时间。标签显示密封条件下可以储存半年，如果敞开放着储存周期将大大缩短。因此，平时在储存食物时一定要注意存放温度及环境条件。

②如有异样，尽快丢弃。日常购买食物时，经常会买到没有标明保质期的散装食品，考虑到消费者一般对食物保存期很难准确判定，建议若发现食物有明显的霉变、异味、生虫等变化，应停止食用。

③临期食品是可以购买食用的。临期食品还在保质期内，口味、营养及安全指标也都是合格的，并不会有安全问题，可以正常食用，但要尽快吃完。若消费者购买到过期食品，依据《中华人民共和国民法典》第一百二十八条，销售过期食品应给予消费者赔偿，消费者要保护好自身合法权益。

为保证食品的最佳口味与营养，应尽量在保质期食用。

3.13 调料繁多？门道更多！

调味料，是每个家庭都离不开的！只要家里厨房开火，各种调味料就必须备齐。小时候印象中的调味料仅限于油、盐、酱、醋、味精，长大后才发现酱油分生抽和老抽，醋分白醋、米醋和陈醋，味精可以用鸡精代替，还有鱼露、蚝油等调味料（图102）。种类繁多，其中门道更多！

图102　各类常见厨房调味品

学会看配料表，选对厨房调味料

《中国居民膳食指南（2022）》中，新增了一条准则"会烹会选，会看标签"，着重强调了会看标签。其实标签就像是食品的说明书，是最快速直观了解它的方式。下文具体介绍挑选常见厨房调味料的门道。

1. 酱油中的门道，一次性说清

一看配料表，选成分简单的。酿造酱油必备的原料只有4种：水、大豆、小麦、食用盐。但很多酱油配料表里可不止这4种，还会有其他添加剂。比如用于提鲜的谷氨酸钠（味精的主要成分）、呈味核苷酸二钠（超级鸡精）、酵母抽提物；用于增甜的三氯蔗糖、蔗糖素、甘草酸三钾；用于防腐的苯甲酸钠、山梨酸钾等（图103）。因此在选择时，应尽量选择简洁配料的酱油。

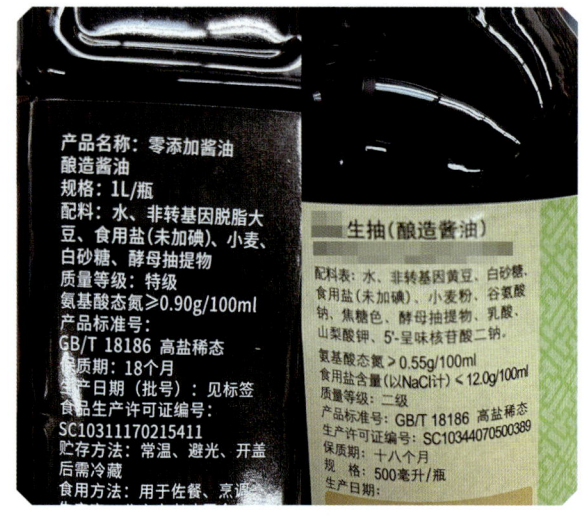

图103　酱油标签信息

二看等级，也就是氨基酸态氮指标。根据《酿造酱油》（GB/T 18186—2000），酱油是分等级的，消费者可以看酱油瓶上的等级标注，也可以通过瓶身上的氨基酸态氮指标，来判断酱油质量的好坏。氨基酸态氮堪称酱油的灵魂，它是黄豆发酵时所产生的纯天然的鲜味物质，含量越高，酱油的鲜味越浓、品质越好（表10）。

表10　酱油等级

氨基酸态氮含量	酱油等级
氨基酸态氮≥0.4 g/100 mL	三级酱油
氨基酸态氮≥0.55 g/100 mL	二级酱油
氨基酸态氮≥0.7 g/100 mL	一级酱油
氨基酸态氮≥0.8 g/100 mL	特级酱油

注：参考GB/T 18186—2000分级标准。

三看执行标准和发酵方式。酱油瓶身一般会标注是酿造酱油还是配制酱油，尽量选酿造酱油。如果不明显或没标注，可以看执行标准（图104）。酿造酱油的执行标准是GB/T 18186—2000，而配制酱油的执行标准是《配制酱油》（SB/T 10336—2012）。跟在执行标准后面的，就是酱油的发酵方式：高盐稀态要优于低盐固态。因为高盐稀态的用料都是大豆或小麦，发酵周期为3～6个月；而低盐固态的用料多为豆粕和麸皮，发酵周期仅15～45天。

图104　酿造酱油标签信息

四看营养成分表中的钠含量。由于酱油中都含有盐，一不小心倒多了就容易摄入过多的钠，所以，在同样等级和配料的情况下，一定选购钠含量更低的酱油。如图105两款都是特级酿造酱油，但A的钠含量比B低了974 mg，自然是首选。

A　　　　　　　　　　　　B

图105　特级酿造酱油标签中的"钠"含量

2. 耗油怎么选，配料表来说明

蚝油是家庭常用调味品，但很多消费者并不真正会挑选蚝油。

贵价蚝油与平价蚝油的差价可高达38倍……市面的蚝油有各种品牌和分量，到底是贪便宜还是图分量？又或是有什么正确的挑选方法呢？其实，在配料表里就能找到答案。

蚝油的优质程度主要取决于蚝汁含量，图106这种水、食用盐、酿造酱油排在前三位的耗油，其味道主要来源于谷氨酸钠（味精）、增鲜剂等，尽量减少购买！

真正优质的蚝油，其蚝汁含量在50%以上，鲜味完全依靠蚝汁的鲜味而非味精，当然价格相应也会贵一些。追求性价比，可选蚝汁含量50%以下且排在配料第一位的。

图106　蚝油标签配料表

配料表上蚝汁的写法，很有门道。根据我国法律规定，如果是由两种或两种以上的配料组成的复合配料，都需要在括号里面按添加量顺序标注出来（图107）。也就是说，括号中的配料出现顺序是很重要的信息量。

同等蚝汁添加比例下，配料表中蚝汁浓度为：蚝汁>蚝汁（蚝、水、食用盐）>蚝汁（水、蚝、食用盐）>蚝汁（水、食用盐、蚝）。

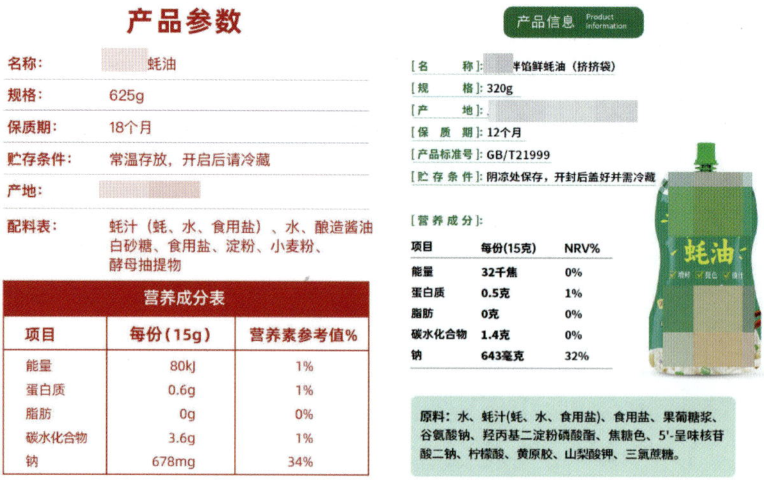

图107　蚝油标签中配料表信息

3. "内行"买醋，不只看价格

每次买醋时，看着不同品牌、包装、名称，不知该如何选择？凡是价格高的醋，就一定是品质最好的？各式各样、价差几倍的醋，又有什么区别？每次买完醋，是不是品尝后才发现一点不酸，或者酸味太大，总是买不到合适自己口味的酸度？

以上的种种困扰只需看一看和摇一摇就可以轻松解决。

一看配料表，选成分简单的。真正优质的酿造食醋，原料主要就是水和粮食，没有其他成分。所以配料表中如果出现冰乙酸（食用醋酸）、焦糖色（色素）、谷氨酸钠（味精）、三氯蔗糖（甜味剂）、苯甲酸钠（防腐剂）、山梨酸钾（防腐剂）等字样（图108），尽量少买。

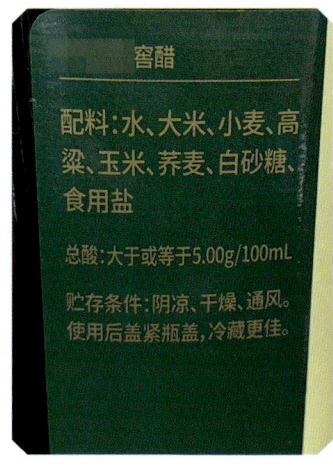 

图108　食醋标签信息

二看制作工艺，优选"固态发酵"的酿造食醋。2021年国家市场监管管理总局发布的《关于加强酱油和食醋质量安全监督管理的公告》提出，食醋生产企业不得再生产销售标示为"配制食醋"的产品。所以现在正规渠道买到的基本都是酿造食醋，其通用执行标准是《酿造食醋》（GB/T 18187—2000）。

四大名醋有专用执行标准，包括《地理标志产品　山西老陈醋》（GB/T 19777—2013）、《地理标志产品　镇江香醋》（GB/T 18623—2011）、《地理标志产品　永春老醋》（GB/T 26531—2011）、《保宁醋》（Q/BNC0001S）。消费者购买时应看清是否属于四大名醋。

酿造食醋又分为固态发酵和液态发酵两种，固态发酵大都采用纯粮食酿造，发酵的时间更长、营养更多，是优先之选。而液态发酵因发酵时间短，一般都会添加食品添加剂。

三看总酸度。总酸度这个指标最能说明醋的品质，国家标准规定食醋的总酸度要≥3.5 g/100 mL，甜醋的总酸度要≥2.5 g/100 mL，低于这个标准则不建议购买。如果食醋的总酸度≥6 g/100 mL，可以不标注保质期，能长期储存。

四选酿造食醋，买前摇一摇，泡沫鉴高低。酿造食醋是用纯粮食经过一系列工序工艺发酵而成的，所以会含有较多的营养物质。摇动晃动各种酿造食醋时，它会产生很多泡沫，品质越好的醋在摇动时产生的泡沫就会越丰富，也就意味着醋中的营养物质越丰富，所以可以用这个方法对比不同品牌酿造食醋品质的高低。

4. 香油，你买对了吗？

一看配料表是否只有纯芝麻（图109）。纯正香油配料表中只有一样：芝麻。配料表中芝麻只占一部分的，属于调和香油，浓香较低，尤其是含植物油的，不推荐购买。

二看生产工艺，首选水代法。香油的生产工艺分水代法和机榨法，小磨香油属于水代法生

图109 香油标签信息

产的香油，低温慢速研磨，可以最大程度地保留香油的香味和营养，价格偏贵；而机榨法是用机器来压榨芝麻，当转速高，温度达到200℃以上时，芳香物质受到了破坏，闻起来就没那么香了，但是价格便宜。

3.14 你的购物车里有转基因食品吗？

超市里面的圣女果、口感甜软的水果玉米、风味独特的木瓜，这么多可口的食品是不是转基因食品？转基因食品如何识别？相信这让很多消费者困惑和不解。

1. 什么是转基因食品?

转基因食品（genetically modified food，GMF）指的是利用转基因生物技术获得的转基因生物品系，并以该转基因生物为直接食品或为原料加工生产的食品。

转基因生物技术是指在特定生物物种基因组导入外源基因，并使其有效地表达相应产物的新型育种技术（图110）。

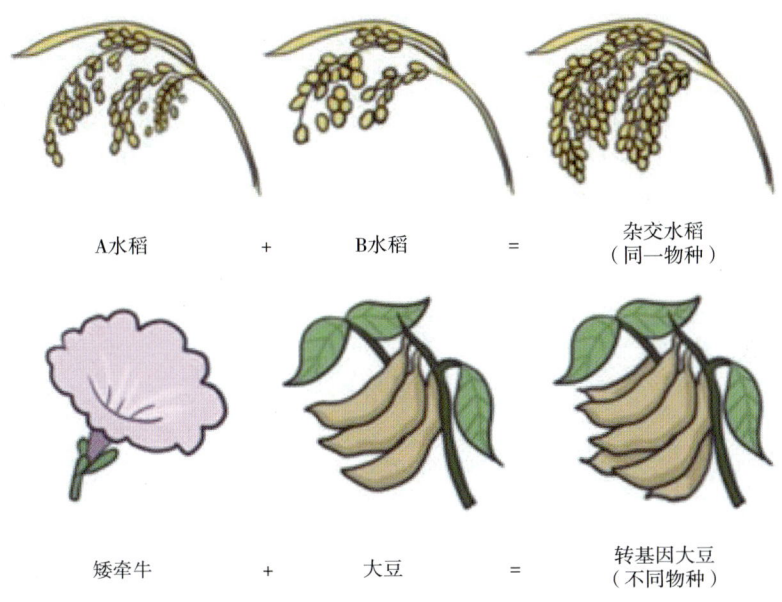

图110　导入外源基因组的转基因食品

2. 转基因食品分为哪几类?

根据转基因食品（图111）来源的不同可分为如下3种不同类型。

①植物性转基因食品。所谓植物性转基因食品，是指以含有转基因的植物为原料的转基因食品。例如，用转基因大豆制成的大豆油、豆腐、酱油等豆制品，抗虫玉米、耐储藏番茄和抗病毒番木瓜等。

②动物性转基因食品。所谓动物性转基因食品，是指以含有转基因的动物为原料的转基因食品，主要是利用胚胎移植技术培养生长速度快、抗病能力强、肉质好的动物或动物制品。例如，美国上市的不育雌性三倍体转基因三文鱼、加拿大研发的高效利用磷而减少环境污染的"环境猪"等。

③微生物转基因食品。所谓微生物转基因食品，是指以含有转基因的微生物为原料的转基因食品，主要是利用微生物的相互作用，培养一系列对人类

有利的新物种。例如，利用转基因微生物所生产的奶酪、面包、啤酒、酒精饮料等。

图111　转基因食品

3. 我国目前规定对哪些转基因产品进行标识？

为了保护消费者的知情权和选择权，我国实施转基因标识制度。对于列入转基因标识目录并在市场上销售的转基因生物均需要标识。

《农业转基因生物标识管理办法》确定了实施标识管理的农业转基因生物包括：①大豆种子、大豆、大豆粉、大豆油、豆粕；②玉米种子、玉米、玉米油、玉米粉；③油菜种子、油菜籽、油菜籽油、油菜籽粕；④棉花种子；⑤番茄种子、鲜番茄、番茄酱。

4. 如何识别转基因食品？

2002年，我国首次颁布《农业转基因生物标识管理办法》，随后作为强制性规定进行了数次修改。对转基因食品做了"强制标识"要求。

预包装转基因食品怎么看？

目前，我国禁止直接使用转基因作物进行商业种植，转基因作物只能作为加工原料，所以消费者可以从加工产品标签中识别。如果是预包装食品，可直接看配料表。

（1）转基因动植物、微生物产品，含有转基因动植物、微生物或者其产品成分的种子、种畜禽、水产苗种、农药、兽药、肥料和添加剂等产品，直接标注"转基因××"。

（2）转基因农产品的直接加工品，标注为"转基因××加工品（制成品）"或者"加工原料为转基因××"（图112）。

（3）用农业转基因生物或用含有农业转基因生物成分的产品加工制成的产品，但最终销售产品中已不再含有或检测不出转基因成分的产品，标注为"本产品为转基因××加工制成，但本产品中已不再含有转基因成分"或标注为"本产品加工原料中有转基因××，但本产品中已不再含有转基因成分"。

图112　转基因大豆油标签信息

难以用包装物或标签对转基因生物进行标识的食品怎么看？

如果是新鲜蔬菜、水果包含了转基因成分，可以在产品展销（示）柜（台）上进行标识（图113），也可以在价格标签上进行标识或者设立标识板（牌）进行标识。难以用标识板（牌）进行标注时，销售者应当以适当的方式声明。

5. 其他国家标识制度怎么样？

美国、阿根廷、加拿大等地一直采用"自愿标识"制度（图114）。与此相对的是，欧盟、韩国、日本等地采用的是"强制标识"政策，但是它们会有一个限值，只要最终产品中的转基因成分含量在限值以下，就可以不用标注。欧盟规定限值为0.9%，韩国规定为3%，日本规定为5%。

图113　转基因大豆

此外，目前国际上对转基因的安全评价有两种模式，一是对转基因产品进行安全评价，二是对转基因技术进行安全评价。中国是世界上少有的既对产品又对技术进行评估的国家。

图114　美国转基因食品"自愿标识"

一老一小　营养先行

4.1 余生请多爱高蛋白质食品

人们能维持正常生理活动，三大供能营养素功不可没：蛋白质、脂肪和碳水化合物。这三种宏量营养素让人体处于恒温的同时，也为人们的各种活动提供能量。其中，蛋白质是生命的物质基础，没有蛋白质就没有生命。除了提供能量，蛋白质作为构成人体组织器官的主要物质，还是免疫系统中的关键组成部分，在人体生命活动中发挥着非常重要的作用。因此，尤其是"一老一小"家庭要重点关注蛋白质食品。

鸡蛋、牛奶、豆浆、肉类……日常饮食中哪些食物含有蛋白质？如何科学补充蛋白质？如何选择和辨别高蛋白食品？哪些人群需要重点补充蛋白质？

1. 哪些食物含有蛋白质？

日常饮食中，含有蛋白质的食物通常分为动物性来源和植物性来源两种（图115）。动物性来源主要指肉类、蛋类、奶类，植物性来源主要指豆类（黄豆、豌豆等）、谷物（大米、燕麦）和其他植物（坚果、椰子）等。

图115　动物性来源和植物性来源的蛋白质

2. 如何科学地补充蛋白质？

在选择含蛋白质食物时，需要从3个方面考量。

①蛋白质含量。尽量选择高蛋白质食物，常见食物蛋白质含量如表11所示。

表11　常见食物蛋白质含量　　　　　　　　　　　　　　　单位：g/100 g

食物名称	蛋白质含量	食物名称	蛋白质含量	食物名称	蛋白质含量	食物名称	蛋白质含量
香肠	18	核桃	14.9	煎饼	7.6	草虾	18.6
火腿肠	14	花生	21.9	苦荞麦粉	9.7	蟹	14
酱牛肉	31.4	花生仁	25	烙饼	7.5	蟹肉	11.6
驴肉	21.5	葵花子	23.9	馒头	7.8	芝麻	19.1
马肉	20.1	莲子(干)	17.2	面筋	26.9	稻米(粳)	7.3
牛肉	18.1	栗子(干)	5.3	米饭	2.5	方便面	9.5
牛肉干	45.6	白瓜子	36	米粥	1.1	高粱米	10.4
牛肉松	8.2	山核桃	7.9	小麦粉	11.2	玉米	8.8
兔肉	19.7	松子	14.1	小米	9	玉米面	8
羊肉	20.5	松子仁	13.4	小米粥	1.4	白果	13.2
猪肉	19.3	西瓜子	30.3	燕麦片	15	甜面酱	5.5
猪肉(瘦)	20.3	榛子	20	油饼	7.9	芝麻酱	19.2
猪肉(肥)	2.4	杏仁	24.7	荷兰豆	2.5	菠菜	2.6
鸡腿	16.4	豆腐	8.1	黄豆芽	4.5	油菜心	1.9
鸡胸肉	19.4	豆腐干	12.2	绿豆芽	2.1	山药	1.9
鸭肉	15	豆腐皮	44.6	毛豆	13.1	大葱	1.3
炸鸡	20.3	豆沙	5.5	豌豆	3.1	大蒜	4.5
母乳	1.3	奶酪	25.7	豇豆	2.7	茭白	1.2
鳕鱼	20.4	牛奶	3	荸荠	1.2	西蓝花	4.1
银鱼	17.2	牛奶粉	19	红薯	1.1	油菜	1.8
鱼子酱	10.9	酸奶	3.2	胡萝卜	1	冬瓜	0.4
鲍鱼	12.6	鸡蛋	12.7	马铃薯	2	哈密瓜	0.5
蛏子	7.3	豆奶粉	19	藕	1.9	苦瓜	1
淡菜(鲜)	11.4	鹌鹑蛋	12.8	腐竹	44.6	丝瓜	1

注：蛋白质摄入量应占每日总热量的10%～15%，即50～60 g。

②蛋白质人体消化利用率。如图116所示，PDCAAS（蛋白质消化率校正后的氨基酸分数）分值越高，蛋白质越优质，分数为1.00的食物基本上能被人体全部吸收和利用。

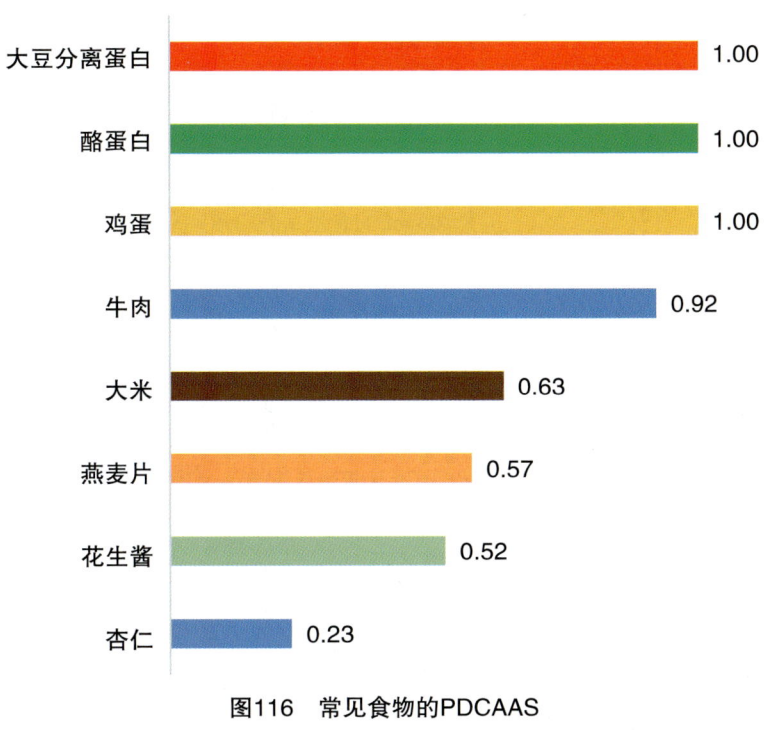

图116　常见食物的PDCAAS
（数据来源：中国食物成分表）

③蛋白质种类及比例。各类食物中蛋白质营养价值各不相同，在补充身体蛋白质时，应注意蛋白质的互补作用，使氨基酸的配比更合理，更利于人体消化吸收。例如，人们把粮食和豆类混合食用时，由于豆类蛋白质中赖氨酸含量丰富，正好弥补了粮食蛋白质的不足，这种混合食用比单独食用粮食或豆类时更接近人体需要的模式，此外，动物性食物与植物性食物混合食用的效果也很好，比如豆浆+牛奶就比单独食用豆浆更容易被人体利用。

3. 如何通过食品标签选择和辨别高蛋白食品？

第3.7节已经介绍了食品标签上的营养物质含量高低的标示规则，本节单独回顾下蛋白质含量的标签要求（表12）。

表12 蛋白质含量声称及比较声称的要求和条件

声称方式	含量要求
增加或减少蛋白质	与参考食品比较，蛋白质含量增加或减少25%以上（参考食品（基准食品）应为消费者熟知、容易理解的同类或同一属类食品）
低蛋白质	来自蛋白质的能量≤总能量的5%（针对特别人群，常规食品中很少见）
蛋白质来源，或含有蛋白质（同义表达：提供、含、有）	每100 g的含量≥10% NRV 每100 mL的含量≥5% NRV或 每420 kJ的含量≥5% NRV
高，或富含蛋白质〔同义表达：良好来源、含丰富蛋白质；丰富（的）蛋白质、提供高（含量）蛋白质〕	每100 g的含量≥20% NRV 每100 mL的含量≥10% NRV或 每420 kJ的含量≥10% NRV

注：中国食品标签营养素参考值（nutrient reference values，NRV），是食品营养标签上比较食品营养素含量多少的参考标准，是消费者选择食品时的一种营养参照尺度。

如图117这款酸奶，就属于高蛋白质食品。通过营养成分表可看到蛋白质的NRV为10%，符合表中声称标准，是实实在在的高蛋白质酸奶。再比如图118这款香肠的宣传，除宣传"高蛋白"外还与大众熟知的牛奶作基准参考，以便于大众认知。

图117 酸奶标签信息　　　　　图118 香肠中蛋白质含量宣传语

4. 哪些人群需要重点补充蛋白质？

家有"一老一小"，蛋白质必不可少！

蛋白质是免疫系统中的关键组成部分，促进免疫系统功能的正常运转。比如免疫系统中的王牌：抗体，其组成成分就是蛋白质。所以，免疫力低下的人群，如中老年人、儿童、妇女、孕妇、工作紧张易疲劳人群、亚健康人群都需要补充蛋白质。

蛋白质还是肌肉和骨骼的主要组成成分之一，维持肌肉和骨骼健康，可帮助身体修复受损组织。补充蛋白质可以加强疾病康复的营养支持。如对糖尿病、肝炎、癌症、消化道疾病、心血管疾病、手术创伤等病患来说科学补充优质蛋白质对改善病情十分有益。

老年人补充蛋白质标准是：量要够，搭配合理；普通老年人的蛋白质推荐摄入量约为每天每千克体重需要1.2 g，其中优质蛋白（鱼、肉、蛋、奶、豆）的比例不低于1/2。

青少年正处于快速生长发育期，因此对蛋白质的需求量较大。世界卫生组织（WHO）推荐青少年每天蛋白质摄入量应为其总能量的10%～15%。具体来说，男生每天每千克体重需要约0.85 g蛋白质，而女生则为0.75 g。

4.2 警惕过量摄入精制碳水

不知什么时候开始，糖果、果汁、酸奶、薯片成了孩子们最喜欢的零食；又不知从什么时候起，方便面、面包、甜品、快餐占据了成年人的饮食世界。其实这些食物中，成分最多的当属碳水化合物。事实上，在自然界中，碳水化合物是人类最丰富、最经济和最主要的能量来源（图119）。它主要包括单糖、双糖和多糖。

在远古，因食品工业还没有发展到如今的程度，自然界每一种碳水化合物，都是以未加工的食物本体被人类利用。但是进入近代，随着人类工业化的进步和对食物种类和口感的追求，人们很少去吃整个谷物和植物，基本都是经过加工，有的是深加工甚至过度加工，形成了如今精制碳水称霸餐桌的现象。本节主要介绍精制碳水以及它的危害。

图119　各类含有碳水化合物的食品

1. 精制碳水的来源

谷物或植物的分解、提取和浓缩是精制碳水的常见加工形式。比如碾磨谷物去除谷物周围的麸皮和胚芽，磨碎制成粉状。这样做可以提高谷物的保质期并使其质地更细腻；但弊端是同时会损失B族维生素、铁和膳食纤维等营养素。还有从甜菜或甘蔗中提取蔗糖制成食糖（图120）也是同理。此外将橙子粉碎后去除水分浓缩制成浓缩果汁，同样也是精制碳水的一种。诸如此类过度加工谷物和植物的碳水都可以叫作精制碳水，生活中接触最多的两种精制碳水还要数精制谷物和精制糖。相反，没有经过加工的碳水化合物属于优质碳水，也叫作粗制碳水。优质碳水一般都会减少加工步骤，最大限度地保留食物原本的形态。

图120　从甘蔗中提取蔗糖

2. 精制碳水的危害

相关专家曾提出一个观点：以精制碳水化合物为主导的饮食，很难支撑人

一老一小 营养先行

们活到90岁以上。自此，大家开始关注精制碳水，并且意识到自己的饮食中精制碳水无处不在。

首先，在众多精制碳水的危害中，最明显的现象就是导致肥胖。以麦子为例，全麦（大麦）和麦仁完全不同，全麦中因没有去除麦壳，除了淀粉还含有很多膳食纤维、维生素和矿物质成分，吃相同量的全麦比麦仁能量低得多。麦仁再加工就是面粉，会使人们摄入更多的能量，进一步如果再加上糖加工成面包或者饼干，就变成了能量炸弹。人们在不知不觉中摄入了太多的淀粉，导致能量太多用不完，身体就会把多余的能量转化成脂肪存起来。

其次，精制碳水也会干扰人体代谢。精加工后的白面，膳食纤维变少，只存留了大量的淀粉，人体摄入后会迅速消化分解，使身体血糖值迅速上升。同时肝脏就接到了大量订单，快马加鞭地代谢掉这些糖分，长久以往，肝脏长期处于过劳状态，比较敏感的个体会出现胰岛素水平异常现象。与此同时，吃过多的精制碳水也会导致肝脏合成血脂的原材料过多，进而导致血脂升高，患糖尿病、高血脂等代谢疾病的风险提高。

因而，过多追求完美谷类"亮、白、精"，会使谷类营养成分摄取不平衡，提升患慢性疾病如心脑血管疾病、糖尿病、高血压等的风险性。此外，经常食用精制碳水也会增加牙龈牙周的细菌滋生，从而诱发口腔疾病。

3. 利用标签甄辨出精制碳水

首先，在各种甜味和咸味食物的配料表中很容易找到精制糖（图121）。对应在包装标签上，第一类是含有面粉的面包、饼干、华夫饼、糕点、比萨等食品；第二类是含有各种甜味糖的食品。制造商对精制糖使用了许多不同的名称，消费者检查以下成分的标签，可以避免精制碳水，如白砂糖、结晶果糖、糖浆、糖蜜、果糖、麦芽糖、葡萄糖等。遇到标签上有这类糖分的食品最好避免，因为在食物中添加糖不会提高其营养价值，反而增加代谢负担。

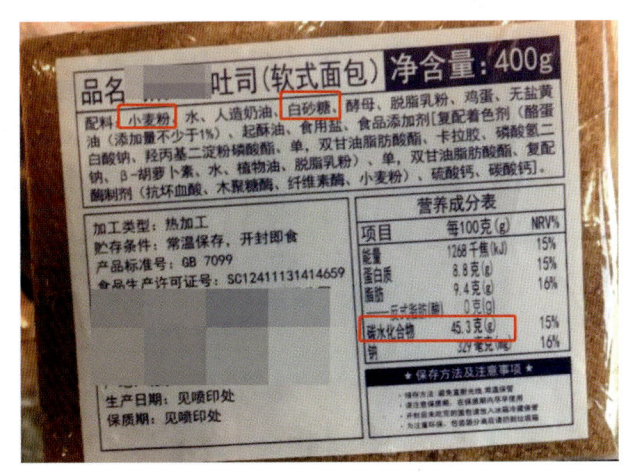

图121　面包标签信息中的精制糖

其次，通过标签中的营养成分表来判断。例如，受大众喜爱的酸奶，其实是糖的消耗大户。普通不加糖的酸奶，营养成分表中的碳水化合物含量基本在4～6 g/100 g，这是乳糖；但是加了糖的酸奶，其碳水化合物含量为9～15 g/100 g（图122）。一杯普通加糖的酸奶按照200 g算，你就吃到了18～30 g的糖。而正常人一天的蔗糖不建议超过25 g，仅酸奶就几乎占据了一天全部的量。如果再摄入其他糖分，那每天实现糖分超标就是家常便饭。

摄入过多精制碳水会导致一系列健康问题，消费者需要逐渐减少饮食

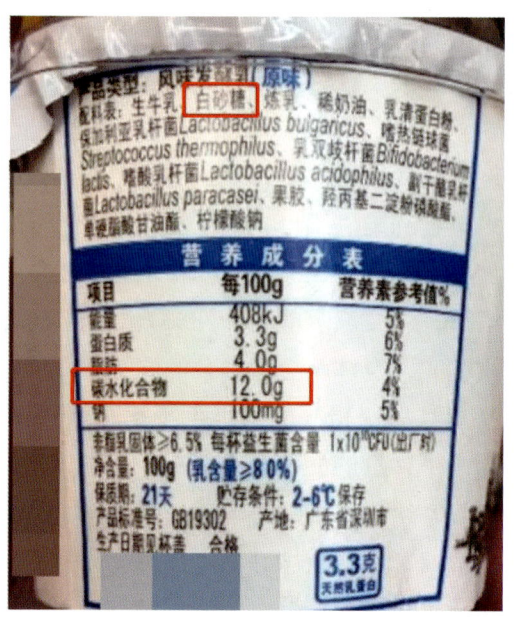

图122　普通加糖酸奶标签信息

中精制碳水的摄入量，选择优质碳水替代精制碳水，解决其带来的营养问题。比如用全谷物替代谷物粉，新鲜水果和蔬菜替代果蔬汁和甜食，黄豆替代豆浆粉，糙米替代白米，全麦面包替代甜面包，燕麦或大麦替代早餐速食麦片，天然无糖酸奶替代调味酸奶。

消费者在大家购物时可以查看标签来帮助自己做出健康的决定。远离精致碳水，拨开云雾见明月，还生活本源一份简单和淳朴。

4.3　标签上的"第七类营养素"——膳食纤维

当你为婴幼儿选择合适的配方奶粉时，是否关注过标签上的低聚半乳糖（图123）？当你看着电视嚼着风干果蔬干时，是否知道这类食品含有丰富的木质素？其实，低聚半乳糖和木质素都属于膳食纤维。

婴儿配方奶粉　营养成分表

项目	单位	每100千焦粉平均含量	每100克粉平均含量
能量	千焦	100	2126
蛋白质	克	0.50	10.6
脂肪	克	1.27	27.0
亚油酸	克	0. 190	4.04
α-亚麻酸	毫克	17.0	361
碳水化合物	克	2.55	54.2
维生素			
维生素A	微克视黄醇当量	20.0	425
维生素D	微克	0.60	12.8
维生素E	毫克α-生育酚当量	0.300	6.38
维生素K_1	微克	1.69	35.9
维生素B_1	微克	20.0	425
维生素B_2	微克	40	850
维生素B_6	微克	14.1	300
维生素B_{12}	微克	0.070	1.49
烟酸(烟酰胺)	微克	155	3300
叶酸	微克	4.3	91.4
泛酸	微克	137	2910
维生素C	毫克	4.3	91.4
生物素	微克	0.64	13.6
胆碱	毫克	5.7	121

项目	单位	每100千焦粉平均含量	每100克粉平均含量
矿物质			
钠	毫克	8.5	181
钾	毫克	26.0	553
铜	微克	16.6	353
镁	毫克	1.88	40.0
铁	毫克	0.190	4.04
锌	毫克	0.190	4.04
锰	微克	4.30	91.4
钙	毫克	18.8	400
磷	毫克	11.3	240
碘	微克	4.7	99.9
氯	毫克	15.5	330
硒	微克	0.95	20.2
可选择成分			
肌醇	毫克	2.00	42.5
牛磺酸	毫克	1.41	30.0
左旋肉碱	毫克	0.48	10.2
二十二碳六烯酸(DHA)	毫克	4.8	102
二十碳四烯酸(ARA)	毫克	6.0	128
膳食纤维			
低聚半乳糖	克	0.073	1.56
聚葡萄糖	克	0.073	1.56
核苷酸	毫克	0.73	15.5
乳铁蛋白	毫克	21.0	446

图123　婴儿配方奶粉营养成分表

什么是膳食纤维?

膳食纤维是指植物性食品中既不能被人体肠道消化吸收、也不能直接分解产生热量的多糖类物质。膳食纤维与蛋白质、脂肪、碳水化合物、水、矿物质和维生素并称为七大营养素。膳食纤维主要有两类（图124）：一是溶于水的可溶性膳食纤维，如低聚果糖、低聚半乳糖、β-葡聚糖、瓜尔豆胶等；二是不溶于水的不可溶性膳食纤维，如麦麸、纤维素和木质素等。

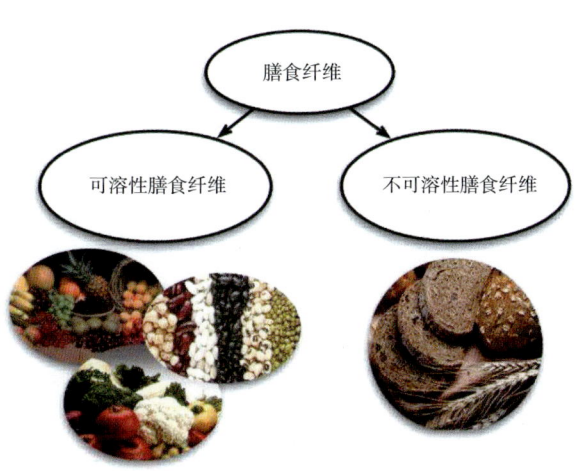

图124　膳食纤维分类

膳食纤维有什么用?

膳食纤维虽然不能被人体消化吸收，但却被称为第七大营养素，这是因为膳食纤维的摄入与人体健康密切相关。具体作用体现在以下4个方面。①改善消化道功能。膳食纤维能吸水膨胀，增加肠内容物的体积，软化食物残渣，同时还能促进肠道的蠕动，缩短肠内容物通过肠道的时间，有缓解腹泻和防治便秘的作用。②降血糖。膳食纤维可以增加食物的黏滞性，延缓食物中葡萄糖的吸收，同时增加饱腹感，可防止血糖的快速上升。③降血脂。膳食纤维可与胆固醇、胆汁酸结合，促进胆汁的排泄，降低血脂及血黏度，预防心脑血管病和胆石症的发生。④减肥。膳食纤维本身不产生能量，却可以增加食物的体积，进食后容易使人产生饱腹感，有利于控制饮食。因此，膳食纤维对人体有独特的功能，这些功能对老人和儿童来讲更是不可或缺的。

常见的可溶性膳食纤维有哪些？

日常预包装食品中，出现在配料表中频率比较高的可溶性膳食纤维主要有低聚果糖和低聚半乳糖。低聚果糖既可以作为食品营养强化剂，又可以作为普通食品原料，根据《食品安全国家标准　食品营养强化剂使用标准》（GB 14880—2012）要求，当作为营养强化剂用于儿童乳粉和孕产妇乳粉及婴幼儿配方食品和婴幼儿谷物辅助食品时，应满足GB 14880—2012中规定的低聚果糖添加量及化合物来源的要求；当作为普通食品原料时，执行标准为《低聚糖质量要求　第2部分：低聚果糖》（GB/T 23528.2—2021），可以按生产需要适量添加。低聚半乳糖既可以作为食品营养强化剂，也可以作为新食品原料。其作为食品营养强化剂可用于儿童调制乳粉、婴幼儿配方食品和婴幼儿谷物辅助食品（图125），作为新食品原料可用于糖果、饮料（图126）、焙烤食品、乳制品等，按照不同用途使用时，应满足不同身份添加量或食用量的相应要求。

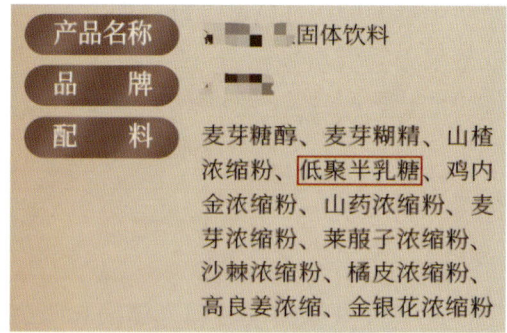

图125　婴儿配方乳营养成分表

图126　固体饮料配料表

膳食纤维在食品标签上如何标注？

膳食纤维是非核心营养素，企业可以根据需要选择标注，如果产品本身含有膳食纤维，以实际检测数值为依据可标注为膳食纤维，或膳食纤维（以可溶性膳食纤维计），或膳食纤维（以不可溶性膳食纤维计）。产品中如果额外添加可溶性膳食纤维也可以膳食纤维单体的形式标示，如膳食纤维（以多聚果糖计），此时营养成分表中应是最终产品中可溶性膳食纤维单体的含量，而不是添加量。

膳食纤维的能量折算系数为8 kJ/g，包括产品本身含有的膳食纤维以及其他膳食纤维的单体成分，如不消化的低聚糖、不消化淀粉、抗性糊精等，当产品营养标签中标注膳食纤维时，应计算膳食纤维等提供的能量，如果企业不选择标注膳食纤维，则可以在计算能量时不包括其提供的能量。

膳食纤维的含量声称应符合GB 28050—2011的要求，膳食纤维总量（或可溶性膳食纤维、不溶性膳食纤维或单体成分）≥3 g/100 g（固体）［或≥1.5 g/100 mL（液体）、≥1.5 g/ 420 kJ］，则可以在食品标签上标示"膳食纤维来源"或"含有膳食纤维"。膳食纤维总量（或可溶性膳食纤维、不溶性膳食纤维或单体成分）≥6 g/100 g（固体）［或≥3 g/100 mL（液体）、≥3 g/420 kJ］，则可以在标签上标示"高膳食纤维""富含膳食纤维""膳食纤维的良好来源"。膳食纤维的功能声称可以标注为"膳食纤维有助于维持正常的肠道功能""膳食纤维是低能量物质"，以上功能声称可以在标签的任意位置标示，其字号不得大于食品名称和商标。

4.4 一老一小 钙不能少

王大爷不小心滑了一跤，"咔"——骨折了。

李奶奶打了个喷嚏，感觉胸口疼痛，检查发现骨折了。

彤彤5个月了，晚上容易惊醒，睡觉不踏实，夜里比较爱哭闹，头发黄，后脑勺一圈没有头发，检查结果为缺钙。

为什么老年人这么容易骨折，儿童常会缺钙呢？

老年人骨骼衰老、骨密度下降，若不及时补充钙质，骨质疏松随之而来；儿童处于生长发育的重要阶段，若缺乏钙质，易引发骨骼发育迟缓、免疫力下降等疾病。因此，对于一老一小而言都需要补钙。钙是人体内含量最丰富的矿物元素，几乎所有的生命过程均需要钙的参与，钙同时又是骨骼、牙齿最主要的矿物成分，与人体骨骼健康关系密切。一方面，通过饮食摄入钙质，如牛奶、绿叶菜、豆类和坚果等；另一方面，也可以通过钙剂进行定量补充。给儿童补钙，是为了让其快快长高。给老年人补钙，是为了预防骨质疏松。可见，不同人群补钙的目的不同，补钙的种类和剂量也应有差异。

1. 儿童——补钙促生长，并非人人需要

钙是儿童生长发育的重要营养元素，但所有的儿童都需要补钙吗？

一般来说，纯母乳喂养的婴儿，由于母乳本身就含有丰富的钙元素，这个时期发育所需要的钙完全可以由母乳中获得，不需要再额外补充钙剂。而非母乳喂养或母乳含钙量偏低的婴儿、6个月后逐渐添加辅食的婴儿以及有牙齿稀松或个子不高等家族遗传基因的婴儿，一般需要补钙。

婴儿补钙也要抓住"黄金时机"，到了4～6个月时，婴儿开始添加辅食，每天的喝奶量逐渐减少，钙摄入量也减少，而5～11个月的婴儿对钙的每天摄取量又增至400 mg。因此，婴幼儿从这时起应开始补充钙剂（图127）。

图127　婴幼儿从5月龄开始应补充钙剂

2. 老年人——防治骨质疏松，只补钙效果不大

补钙作为防治骨质疏松的基础措施，越来越受到老年人的重视（图128）。通常钙主要在日常膳食中被摄取，但当达到某一阈值后，即使摄入量再增加，钙的吸收也不会同步增加。根据中国营养学会的推荐，成年人每天应当摄入800 mg左右的钙，而老年人则需要更多，每天应摄入1 000 mg的钙。

老年人补钙，应从改善饮食结构和服用钙剂两方面加强钙的摄入。在服用补钙产品时需注意，老年人肠道对钙的吸收能力较弱，单纯服用钙剂无法有效治

疗骨质疏松症，必须配合服用一定剂量的维生素D，才能防止钙质流失，提高肠道吸收钙的能力，促进骨代谢和骨形成。

图128　老年人缺钙引发的骨质问题

3. 老小有异，识标签甄选钙

市场上的钙剂多种多样，有片剂、粉剂、液体软胶囊、油状滴剂、凝胶糖果等。无论哪一种形式的钙剂，消费者在挑选产品时需要注意以下两点：钙含量和钙来源。钙含量会在钙剂产品的标签上有明确标识，若没有明确标识含量而宣传钙的产品，要警惕其真实性。

钙来源主要指产品中什么物质提供的钙元素，该物质也会体现在产品标签中，如图129一款软糖钙剂，从标签上可以看到：钙含量为150 mg/粒，钙来源为磷酸三钙，通过这种方式消费者可以快速找到适合自己的钙剂。

目前主要钙源包括：无机钙、有机钙、活性钙、新型钙。表13为不同类型钙源及适宜人群。

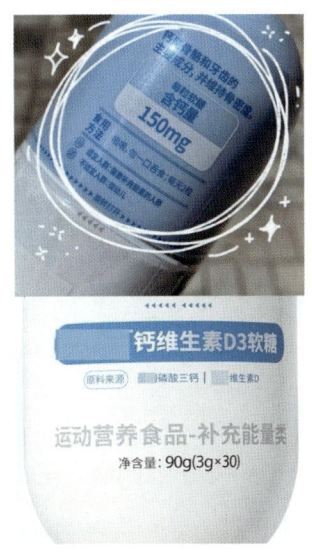

图129　软糖钙剂标签信息

表13　不同类型钙源及适宜人群

钙种类	常见品种	优点	缺点	适宜人群	不适宜人群
无机钙	碳酸钙、氧化钙、磷酸钙等	价格低廉、含钙量高	溶解性差，胃肠道反应大	健康人群	2岁以下儿童及胃肠功能弱人群

（续表）

钙种类	常见品种	优点	缺点	适宜人群	不适宜人群
有机钙	乳酸钙、葡萄糖酸钙、醋酸钙等	溶解性较好，胃肠道刺激性较小	钙含量低	均可	糖尿病人群应注意选择无糖品种
活性钙	龙牡壮骨颗粒等	主要成分为氧化钙、氢氧化钙，由贝壳煅烧而成，含钙量高	对胃肠道刺激大，受海水污染可能有重金属残留	除婴幼儿、胃肠功能弱的人群均可	婴幼儿、胃肠功能弱的人群
新型钙	氨基酸钙、酪蛋白钙等	吸收好，无胃肠道刺激性	价格较高	均可	无

4. 特别提醒

①骨头汤不补钙！骨头汤里的钙含量微乎其微，因为钙并不能轻易地溶解，相反，骨头汤里面含有大量的脂肪，反而容易导致肥胖。

②补钙应适量，不宜盲目过量地服用钙剂。儿童补钙过量容易导致骨骼钙化、影响心脏功能；老年人补钙过量易引发高钙血症、碱中毒等不良反应。

钙是保持骨骼强壮的关键物质，但并非唯一所需。加强科学认识，合理膳食、适度运动、正确补钙才是保持钙均衡的硬道理。

4.5 甜食表示：拒绝背锅龋齿

吃甜食多容易龋齿，那是由于吃甜食后，一些食物残渣堆积在牙缝里，口腔内的细菌会产生酸性物质对牙齿表面进行破坏，导致牙釉质出现损伤，当牙釉质出现腐蚀时会造成钙离子脱矿，让牙齿表面出现凹陷，并且很可能会引起龋齿。

龋齿是在以细菌为主的多种因素影响下，牙体硬组织发生慢性进行性破坏的一种疾病。当龋坏比较浅的时候一般没有明显症状，只是颜色发生了改变，比如牙面发黑发褐；但如果龋坏变深，会形成龋洞，可出现冷热刺激痛，对酸甜食物敏感，食物嵌入龋洞中也会出现疼痛。如果龋齿恶化，细菌可能会侵入牙髓并引起感染。感染可能导致牙周脓肿的形成，脓肿可能引起剧痛、肿胀和面部局部感染，从而引起牙龈炎和牙周炎，甚至出现牙齿损坏和破裂。所谓"牙好胃口才好"，最终会影响咀嚼和消化。

造成龋齿的原因，除了甜食，还有一类不被人熟知的隐形摧毁牙齿健康的食品：酸性食物。摄入过多的酸性食物，如酸性饮料、柠檬、柚子、醋等，会直接腐蚀牙齿表面的牙釉质，使牙齿容易受到外界因素的侵蚀，从而引发龋齿。

以青少年儿童最喜爱的饮料为例，将各种饮料按酸度来分，可分为碱性饮料、中性饮料和酸性饮料。碱性饮料是以碳酸氢钠为主要成分的苏打水；中性饮料是以调味牛乳、豆奶、椰汁、坚果乳为主的含有动植物蛋白的饮料；酸性饮料是以碳酸饮料、果蔬汁、酸酸乳等为首的酸度较低、酸甜比适口的饮料，其配方内会加入类似柠檬酸、苹果酸、乳酸等国家允许添加的酸度调节剂，虽然酸度调节剂可用于调节食品体系的酸碱性，降低体系的pH值，从而达到抑菌的目的，但如果经常食用对牙齿的伤害是不可逆的（图130）。

图130　酸性饮料腐蚀牙齿

与甜食腐蚀牙齿的原理略有不同，若直接大量饮用酸性饮料，使牙齿表面的矿物质被溶解，牙釉质一直处于脱矿反应，即牙齿牙釉质表面的钙、磷脱落，导致牙面变薄，牙齿变得脆弱和敏感，一旦遇冷、热、酸、甜等刺激时，就会产生酸痛感。正常情况下口腔内的唾液可以起到缓冲作用，使突然下降的pH值在短时间内恢复正常。这时牙面因脱矿产生的钙、磷又会发生再矿化，牙齿的硬组织能重新恢复。但如果长期摄入酸性饮料，口腔中的pH值长期维持在一个让牙齿出现脱矿的状态，而没办法再矿化，牙齿的硬组织会被溶解，即门牙颈部出现半月形白斑、环形缺损甚至发黑变色，这种现象叫酸蚀症，俗称可乐牙（图131）。

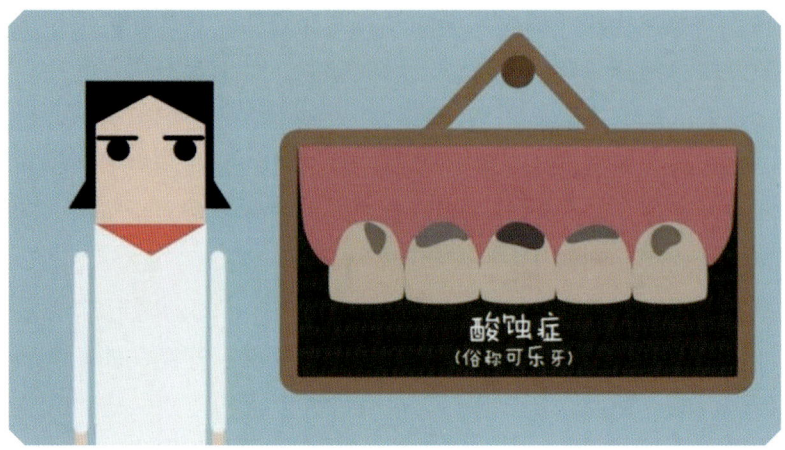

图131 可乐牙

酸性饮料之所以会非常酸，原因是其中添加了酸度调节剂。《食品安全国家标准 食品添加剂使用标准》（GB 2760—2014）规定允许使用的酸度调节剂有17种，同时也规定了每种酸度调节剂的使用范围和最大用量。酸度调节剂除了人们熟知的碳酸、柠檬酸，还包括乳酸、酒石酸、苹果酸、富马酸、维生素C等。

以图132中碳酸饮料为例，通过食品标签上的配料表可以看到，其主要成分包括水、白砂糖、酸度调节剂以及色素香精等，其中能对牙齿造成伤害的主要是酸度调节剂和白砂糖。酸度调节剂，分别为二氧化碳、柠檬酸钠、磷酸、柠檬酸等。与二氧化碳和柠檬酸钠相比，磷酸和柠檬酸的酸性更强，且更稳定，所以碳酸饮料中真正的厉害角色是磷酸和柠檬酸。因此，即便是无糖的碳酸饮料，长期大量饮用也会造成牙齿脱钙腐蚀。此外，碳酸饮料还会影响人体对钙离子的吸收，对处于生长发育期的儿童来说，更不可过量长期食用。

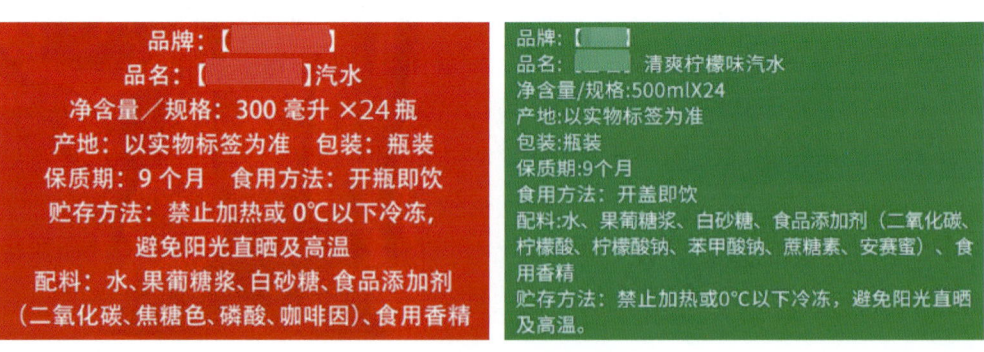

图132 碳酸饮料标签信息

总之，保护牙齿应从儿童期抓起。家长应该关注孩子的口腔健康，指导其用正确的刷牙方式定期刷牙，控制糖的摄入，多吃粗纤维食物；合理使用氟化物，如含氟牙膏，儿童涂氟，儿童期对乳磨牙及恒磨牙进行窝沟封闭；定期进行口腔健康检查，早发现早治疗。这些措施将有助于保护儿童的牙齿健康，为他们的未来奠定良好的基础。

4.6 再提木糖醇就OUT了，你该选择低GI食品！

糖尿病是中老年人的常见慢性病，与高血压类似，一旦确诊往往被视为不可逆疾病。糖尿病患者的饮食需要特别注意碳水化合物的摄入。糖尿病患者的食物中，经常用木糖醇作为一种甜味替代品，但木糖醇并不能无限制地食用。

虽然木糖醇作为一种低热量甜味剂，其代谢过程不需要胰岛素的参与，因此常被推荐给糖尿病患者作为糖的替代品，但是过度摄入木糖醇也可能带来一些问题。其在肠道内的吸收率较低，大量摄入可能导致腹泻、胃肠胀气等。且木糖醇并不能完全替代其他营养素，如蛋白质、脂肪和碳水化合物等，因此糖尿病患者在选择食物时仍需要注重营养均衡。

在日常饮食中除了合理控制总热量摄入，控制碳水化合物的摄入，建议血糖异常的人群，选择低GI食物。

血糖生成指数（glycemic index，GI）是衡量食物对餐后血糖影响程度的指标，是国际认可的一种全新的分析和评价食物的方法。研究显示，低GI食品具有缓慢消化的特点，餐后血糖和胰岛素反应水平均较平稳。长期的低GI饮食干预有利于血糖控制、减少胰岛素需要量，并有助于控制体重和维持血管健康，是糖尿病患者及减肥塑形人群的优选食品。

低GI食品的范围很广泛，日常饮食的食物可按照GI值将食品分为3大类：低GI食物（GI≤55）、中GI食物（56≤GI≤69）、高GI食物（GI≥70）（表14）。低GI食物在胃肠中停留时间长，缓慢释放葡萄糖，引起的血糖波动较为平缓，通常具有慢消化、慢升糖的特点。因此，糖尿病患者应尽量选择低GI食物。

表14 食物GI数值

GI		常见食物
低GI （GI≤55）	谷物	薏米、玉米、燕麦、藜麦、全麦面包、糙米、黑米
	豆类	鹰嘴豆、扁豆、四季豆、大豆（黄豆）、豌豆、毛豆、黑豆、绿豆、红豆
	乳制品	牛奶、无糖酸奶
	蔬菜	生菜、菠菜、萝卜、洋葱、芦笋、芹菜、卷心菜、西蓝花、花椰菜、番茄、甜椒、蘑菇、海带、芝麻菜、山药、芋头
	水果	橙子、橘子、葡萄柚、柠檬、苹果、梨、桃子、李子、杏子、樱桃、蓝莓、黑莓、草莓、枣子、柚子、芒果、牛油果
	坚果	花生、杏仁、核桃
中GI （56≤GI≤69）	谷物	乌冬面、小米、米粉、荞麦面、红米、古斯面、爆米花
	蔬菜	红薯、土豆、南瓜
	水果	葡萄、香蕉、菠萝、木瓜、芭蕉
	其他	蔗糖
高GI （GI≥70）	谷物	白面条、年糕、糯米、精白米、白面包、馒头
	水果	西瓜、荔枝、龙眼
	其他	葡萄糖、麦芽糖、脉动、佳得乐、蜂蜜
参考		Revised International Table of Glycemic Index（GI）and Glycemic Load（GL）Values：2008

GI：glycemic index，升糖指数。食物的GI值越低，对血糖和胰岛素的影响越小，饱腹感越强。为了保持良好的身体和健康，每日饮食应以中-低GI食物为主。

表14中的食物仅为未加工的食物，被加工后再被定量包装的预包装食品可以通过食品标签分辨是否为低GI食品。

近几年，为维护消费者权益、引导消费、规范低GI食品认证工作，进一步提高低GI食品质量，在相关法律法规的基础上建立了低GI食品认证制度，2019年发布《食物血糖生成指数测定方法》（WS/T 652—2019），2020年出台《低GI食品认证实施规则》（以下简称《规则》）。按照《规则》要求，对申请的食品产品进行产品生产控制检查、产品形式试验、低GI食品测定和评价等过程称为低GI食品认证。低升糖指数食品认证是对食品中碳水化合物含量和消化吸收速度进行评估和控制的一种食品安全认证，只有通过低GI食品认证的产品，才可以在包装、标签、广告、宣传、说明书等使用低GI食品认证标志，以证明该食品通过了低GI食品认证。目的是帮助消费者更好地了解食品中的碳水化合物含量和升糖指数,以便选择更加健康的食品。

目前,包括全球绿色联盟(北京)食品安全认证中心、北京华测食农认证服务有限公司、中食联盟(北京)认证中心与中国食品发酵工业研究院等权威认证机构推出的《低GI食品认证实施规则》《低GI食品认证标志》备案发布(图133)。经过检测和审核,符合规则的可颁发低GI认证证书。

图133　低GI食品认证标志

消费者可以通过查看产品包装上的低GI食品认证标志(图134),清楚地知道自己购买到的食品GI≤55,满足低GI要求。真正做到看得清楚、买得明白、吃得放心。

图134　低GI食品

需要注意的是,虽然低GI食品有助于控制血糖和体重,但并不意味着可无限制地食用。即使是低GI食品,如果摄入的总热量超身体所需,也会导致能量累积和体重增加。因此,在制定饮食方案时,应合理搭配低GI食品,控制总热量摄入,适量摄入蛋白质,增加膳食纤维摄入,注意餐次和分量,保持健康良好的饮食习惯和作息规律,适度进行体育运动。同时,定期监测血糖和血脂等指标,及时调整饮食方案,确保各种营养素的均衡摄入,也是非常重要的。只有这样,才能更好地控制血糖水平,降低并发症的风险,提高生活质量。

4.7 警惕隐形"高钠"食物

食盐是食物烹饪或加工的主要调味品，在人们日常饮食习惯中具有着举足轻重的地位。食盐的主要成分是氯化钠，每克盐中含有400 mg的钠元素。钠是人体必需的常量营养元素，可以维护体液电解质平衡和神经系统功能，能够调节人体的酸碱平衡，调节水分的交换，同时能够保持渗透压的平衡。钠离子还可以维持细胞膜的通透性、维持肌肉的应激性。此外，钠在神经细胞兴奋与静息转化时同样起到重要作用。

1. 钠对生活的影响

当摄入钠过少或者过多时，都会引起健康问题。摄入钠过少会出现疲倦乏力、注意力不集中等症状。严重缺钠可导致短期死亡。长期缺钠可能导致肢体无力、颅内水肿、心律失常、癫痫等。摄入钠过多时血液渗透压就会升高，这时大量的水分就会被人体吸收，血流量增多，从而加重了心脏的负荷。食

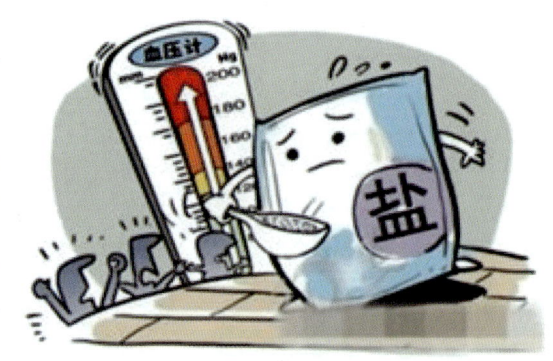

图135　摄入过多钠时血液渗透压就会升高

盐对于高血压的影响非常大（图135）。当代社会，高血压、心脑血管疾病等慢性病发病率居高不下，较高的盐分摄入要记个头功。高钠膳食是大多数高血压患者发病最主要的危险因素。有研究表明，膳食钠盐摄入量平均每天增加2 g，血液收缩压和舒张压就会分别增高2.0 mmHg和1.2 mmHg。

2. 警惕生活中的隐形"高钠"食物

在大众的认知中，只有烹饪的时候加盐才会引入钠元素，其实不然。除了烹调添加的食盐外，很多调味品，如酱油、醋、蚝油、鸡精、味精等都含有盐分（图136），如果烹饪菜肴时忘了放盐，结果还是有咸味，就是这些调味品贡献

的结果。还有某些盐腌食品，也含有大量的盐分，在烹调时要综合考虑。

图136　调味料中的"钠"元素

除了上述比较容易理解的"高钠"食物，还隐藏着一些食品，它们虽然吃起来没有咸味，但在加工过程中都添加了食盐，比如面条、面包、饼干等。挂面的钠含量相当高，应该予以特别关注。几乎所有品牌挂面的营养成分表上都显示钠含量，每100 g挂面的钠含量从几十毫克至一千多毫克不等，有的可高达1 200 mg。图137中挂面营养成分表显示，每100 g挂面就含有540 mg的钠。而1 g盐中的钠含量是400 mg，每100克挂面中食盐就有1.35 g。当我们吃上200 g挂面时，钠的摄入量超过成人推荐摄入

图137　龙须挂面营养成分表

量的1/2，加上汤面或者打卤面中额外添加的盐，单吃一顿饭，每日摄入的盐量就已经接近超标了。

通常和面的时候，想要使得面团起筋、更劲道，常常加上少量的食盐，所以挂面是隐形的"高钠"食物。消费者在吃这样的面团制成品时，也摄入了更多的食盐。

3. 拒绝重口味，还原清淡饮食

在我国大部分地区，人均每天食盐摄入量高达12~15 g。而《中国居民膳食指南（2022）》建议成人每天食盐的量不超过5 g，所以大部分人每日食盐摄入量超标。因此要控制自己的饮食习惯，下面教大家几个控盐小妙招。

一方面，在商品的营养标签中，钠是强制标识项目，选购预包装食品时应注意食品中钠含量，一般而言，钠的营养素参考数值超过30%的食品需要注意减少购买次数，日常饮食也要减少摄入。营养素参考数值（NRV）一般出现在食品标签营养成分表的第三列，消费者在选购的时候可以观察营养素参考值的高低，谨慎选择"高钠"食品（图138）。

图138　预包装食品营养成分表

另一方面，烹制菜肴时可以等到快出锅时再加盐，这样可以保持相同咸度的情况下，减少食盐的用量。对于炖、煮菜肴，由于汤水比较多，更要减少食盐用量。此外烹制菜肴尽量避免加糖，因为加糖会掩盖咸味，所以不能仅凭品尝来判断食盐是否过量，而应该使用量具，比如控盐勺就是很好的选择（图139）。还有一个方法是稀释，比如在用咸菜作烹饪配料前，可先用水冲洗或浸泡，以减少盐的含量。

人的口味是从小到大逐渐养成的，若一直保持"高钠"饮食习惯，到老年阶段就会出现心脑血管问题。因此，培养清淡的饮食习惯，要以家庭为单位，从娃娃抓起。日常饮食降低食盐摄入，培养清淡口味，逐渐做到量化用盐。通过调节烹饪方式、查看食品标签等手段，拒绝重口味，守护全家的心血管健康。

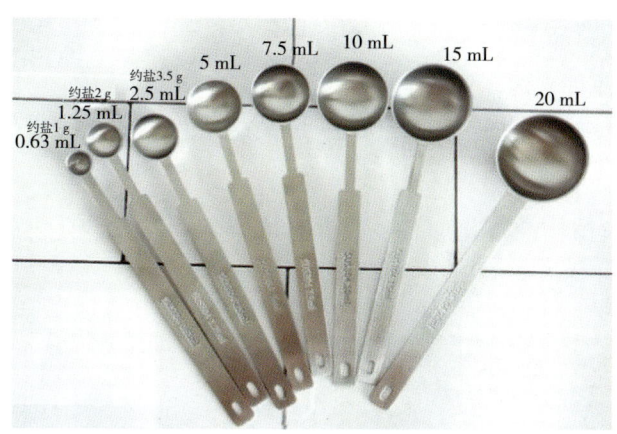

图139 控盐勺

4.8 再不看反式脂肪酸，血脂就上来了

提起反式脂肪酸，可能不少人对它都是只闻其恶名，至于它到底是什么东西？主要来源于哪里？有何健康危害？消费者如何做出选择？却是一头雾水。

1. 什么是反式脂肪酸？

反式脂肪酸是不饱和脂肪酸的一种。在油脂的化学结构中，脂肪酸的氢原子分布在不饱和键的同侧，称为顺式脂肪酸；反之，氢原子在不饱和键的两侧，称为反式脂肪酸（图140）。

图140 顺式、反式脂肪酸化学结构

2. 反式脂肪酸是怎样产生的？

食品中的反式脂肪主要有两种来源（图141）。

（1）天然来源：主要存在于反刍动物中，如牛、羊的脂肪与奶制品，一般含量相对较低。

（2）加工来源：主要是由植物油氢化加工、高温精炼产生，此外，食物煎炒烹炸过程中油温过高且时间过长也会产生少量反式脂肪酸。

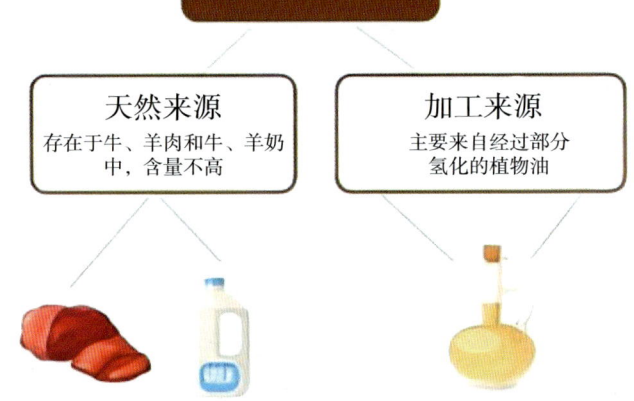

图141　反式脂肪酸来源

3. 反式脂肪酸藏在哪些食物里？

反式脂肪酸的加入可以增添食品酥脆的口感、利于食品长期保存，所以常常存在于各种加工食品中，主要集中在以下几类食物中（表15、图142）。

表15　反式脂肪酸的重灾区

类别	食物举例
糖果类	代可可脂巧克力、麦丽素、未知类别巧克力（配料表未明确标明的）及含有这些巧克力的糕点饼干、冰淇淋、太妃糖、奶糖等
饼干类	威化饼干、夹心饼干、曲奇饼干、酥性饼干
糕点类	泡芙、各种蛋糕（非天然奶油的）、各种派、酥皮点心，尤其是含代可可脂巧克力糕点
面包类	比萨、汉堡、牛角/羊角面包、奶油面包、奶酪面包等

（续表）

类别	食物举例
膨化食品类	薯条、薯片、虾条等
饮料类	固体饮料中的奶茶、奶精
小吃类	反复油炸制作的食物，如麻花、馅饼、油条、油饼、灌饼等
调味品类	固体汤料、沙拉酱（非油醋汁型）

图142　各类含反式脂肪酸食品

4. 反式脂肪酸对人体有哪些危害？

①增加心血管疾病风险。过多摄入反式脂肪酸，会升高低密度脂蛋白胆固醇（坏胆固醇）水平，降低高密度脂蛋白胆固醇（好胆固醇）水平，增加动脉硬化和血栓风险。

②导致肥胖。反式脂肪酸不易被人体消化，而且在体内代谢需要的时间长，容易在腹部积累，导致内脏脂肪含量增加。

③诱发糖尿病。相关研究表明，长期过量摄入反式脂肪酸，会导致机体对胰岛素敏感性降低，容易引发2型糖尿病。

④影响发育。如果在怀孕期间或哺乳期间的妇女摄入反式脂肪酸较多，会影响胎儿的发育。此外，有研究表明，反式脂肪酸还会影响青少年必需脂肪酸的吸收，影响生长发育及神经系统健康。

5. 消费者如何做出选择？

购买预包装食品时，注意查看营养成分表，尽量选择未标示反式脂肪酸或反式脂肪酸含量低的食品（图143）。远离甜点、奶茶、休闲食品和煎炸食品。

很多商家并不会直接将"反式脂肪酸"五个大字印在食品包装上，它常常以别的形式出现，例如，氢化植物油、部分氢化植物油、氢化脂肪、精炼植物油等。

如果在食品标签配料表中发现"棕榈油""人造脂肪""植脂末""人造黄油""复合脂质配料"等也要注意，这些词汇其实就代表着食品中含有反式脂肪酸（图144）。选择食物时，要仔细挑选，避开这类食物。

图143 预包装食品营养成分表

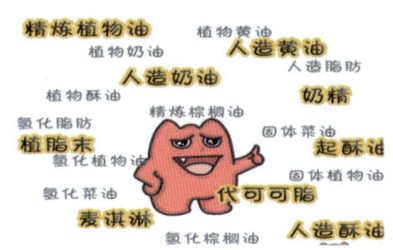

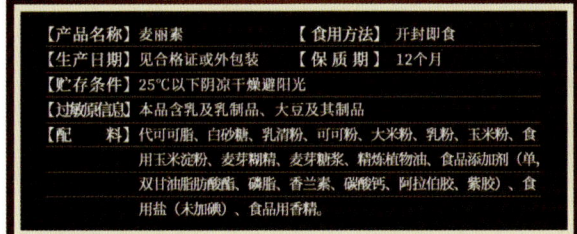

图144 反式脂肪酸的别称

6. 含有反式脂肪酸的食物都不能吃？

抛开剂量谈毒性都是不合理的。《中国居民膳食指南（2022）》建议，成年人每日反式脂肪酸摄入量不超过2 g。世界卫生组织也建议控制每日反式脂肪酸的供能1%以下，也就是限制在2.2 g以内。为此，不少企业已经开始重视降低反式脂肪酸含量。所以，尽管反式脂肪酸危害不小，大家应该尽量减少摄入，但也不必谈虎色变。

7. 0反式脂肪酸是真的吗？

包装上标有0反式脂肪酸的食物，并不等于完全不含反式脂肪酸。《食品安全国家标准 预包装食品营养标签通则》（GB 7718—2011）规定，当反式脂肪

一老一小　营养先行

酸含量≤0.3 g/100 g时，就可以标示为0（图145）。标有0反式脂肪酸的加工食品中，其实也可能含有0.3 g/100 g反式脂肪酸。

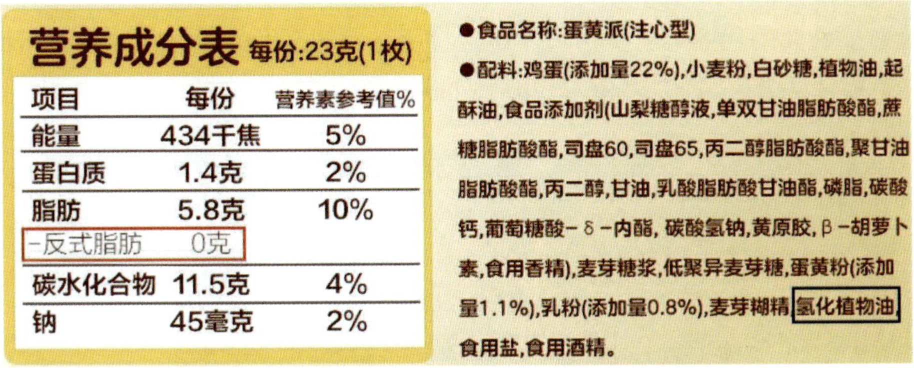

图145　当反式脂肪酸含量≤0.3 g/100 g时可标示为0

消费者有意识地去控制反式脂肪酸摄入量，学会挑选健康食品和合理烹饪食物，完全可以规避反式脂肪酸这一餐桌上的"定时炸弹"。

 慧眼识婴幼儿口粮，做"硬核"爸妈

想让宝宝更聪明？想让宝宝视力好？想让宝宝少上火、少便秘？面对市场上琳琅满目的婴幼儿配方奶粉，新手爸妈在选购时，往往比较发愁。如何读懂标签上的营养成分表？如何通过标签信息选购适合的奶粉？一起来看懂宝宝奶粉标签，做"硬核"爸妈！

1. 标签上的营养素，都是宝宝必需的吗？

对于处于生长发育阶段的婴幼儿来说，母乳自然是婴儿最好的食品。但有的母亲没有母乳或母乳不足，这种情况婴幼儿配方奶粉就是宝宝们的首选食物。婴幼儿配方奶粉调整了牛乳的蛋白质、脂肪、碳水化合物的比例及构成，添加矿物质、维生素、微量成分，综合起来有几十种营养素。

我国严格规定了婴幼儿奶粉中所有必需营养素的成分，同时要求这些成分的含量必须在食品标签上明确标示（图146），满足消费者的知情权。这些营养素都是婴幼儿生长发育所需要的成分，含量过少满足不了婴幼儿的需要，含量过多会对婴幼儿的代谢造成负担。因此，将所有营养素及其含量在标签上标示出来，既能让新手爸妈有所了解，也有利于食品监管的需要。

图146　配方奶粉标签信息

2. 标签中每100 kJ中营养素含量是什么意思？

如果注意看，会发现许多品牌的婴配粉上营养成分的标示除了每100 g奶粉外，还有一列是每100 kJ，那么每100 kJ表示什么意思呢？

我国现行的婴幼儿配方食品的国家标准中，对所有营养素的要求都是以产品每100 kJ的能量中每个营养素的含量值来计的，而不是以每100 g奶粉中各种营养素含量多少来规定。这种计量方法更科学，可保证含有一定能量值的产品中各种营养素的含量和能力之间的平衡。总而言之，标示每100 g奶粉中各种营养素含量是为了消费者能看懂，标示每100 kJ则是为了判断企业产品是否合格。

3. 奶粉中蛋白质含量越高，营养价值就更高吗？

有些消费者认为食品中蛋白质含量越高越好，对于某些食物可能是这样的，但对于婴幼儿配方奶粉则不然。我国标准中对婴幼儿配方食品中蛋白质含量的要求是0.45～0.7 g/100 kJ。只要在这个含量范围之内，就既能满足婴幼儿需要，又不会因含量太高造成婴幼儿肾脏代谢负担。因此，婴幼儿配方奶粉的蛋白质含量在这个范围之内都是合格的，含量稍高一些或者稍低一些，只是生产企业设计理念的不同而已。

4. 婴幼儿配方奶粉配料表中“化学物质”的用处是什么？

一罐婴幼儿配方奶粉的配料表中，竟然足足列了40多种物质，尤其是一些名称看起来很“化学”的物质，让人觉得有些疑惑。如DL-α-生育酚醋酸酯、硫酸锌、左旋肉碱、二十二碳六烯酸（DHA）等。这些到底是什么物质，真的都是添加剂吗？

图147列举了婴幼儿配方奶粉标签，配料表中生牛乳、乳糖、脱脂乳粉、脱盐乳清粉、食用植物调和油等都属于食品原料，而且按照我国标准法规的要求，配料由其含量从高到低依次标示，因此这些都是奶粉中的主要原料。随后从低聚半乳糖开始，一直到配料表最后一个成分，其实都属于营养强化剂。

配料

生牛乳、乳糖、脱脂乳粉、脱盐乳清粉、食用植物调和油（1,3-二油酸2-棕榈酸甘油三酯、葵花籽油、椰子油、亚麻籽油）、低聚半乳糖、乳清蛋白粉、水解乳清蛋白粉、核桃油、维生素A、维生素D、维生素E、维生素K、维生素B_1、维生素B_2、维生素B_6、维生素B_{12}、烟酸、叶酸、泛酸、维生素C、生物素、硫酸铜、硫酸镁、焦磷酸铁、硫酸锌、柠檬酸钙、磷酸氢钙、碘酸钾、亚硒酸钠、硫酸锰、胆碱、肌醇、牛磺酸、左旋肉碱、二十二碳六烯酸（DHA）、花生四烯酸（ARA）、叶黄素、核苷酸（5'-胞苷酸二钠、5'-尿苷酸二钠、5'单磷酸腺苷、5'-鸟苷酸二钠、5'-肌苷酸二钠）、酪蛋白磷酸肽。
过敏原信息：本产品含有乳及乳制品

图147　婴幼儿配方奶粉标签中的配料表

加入各类营养强化剂，是因为单纯的牛羊乳不能满足婴幼儿正常、全面的营养需要，尤其是维生素、矿物质。为保证婴幼儿营养需要，我国《食品安全国家标准　婴儿配方食品》（GB 10765—2021）对所有营养成分都有严格要求。并且《食品安全国家标准　食品营养强化剂使用标准》（GB 14880—2012）中明确规定了可用于婴幼儿配方食品的营养强化剂化合物名单，这些营养强化剂均经过安全评估后列入。如DL-α-生育酚醋酸酯是维生素E的来源，硫酸锌是微量元素锌的来源；而其他的如低聚半乳糖、DHA、乳铁蛋白等则都是对婴幼儿代谢、脑发育或者增加抵抗力有重要意义的活性物质，也是国家标准中允许添加的营养强化剂。

5. 配方奶粉中为什么会有左旋肉碱？

左旋肉碱主要在脂肪代谢过程中促进脂肪酸氧化分解，这也是把它作为"减肥药"成分的原因之一。婴幼儿配方奶粉中的左旋肉碱是帮助婴儿促进脂肪分解、代谢、供能的重要营养素，我国规定其作为可选择成分加入婴幼儿配方食品并规定了用量，因此婴幼儿配方奶粉中出现左旋肉碱是安全的。

6. 国外代购的婴幼儿配方粉怎么样？

近几年，国内掀起了一股代购奶粉风，很多人迷信国外的配方奶粉比国内正规途径买到的奶粉好，但实际则不一定（图148）。

图148　婴幼儿配方奶粉"国产、进口"如何选择

首先，从营养成分看，不同国家婴幼儿配方奶粉是根据本国的相应标准来生产的。国外配方奶粉的目标人群是本国婴幼儿，而不是中国婴幼儿。其次，国外代购的婴幼儿配方奶粉也有是否正规、品质好坏之分，并不是100%都是安全可靠的。因此，广大消费者不能盲目相信国外代购的婴幼儿配方奶粉。国内正规企业生产的，以及在我国已经注册并经过正规渠道进口到我国的婴幼儿配方奶粉都是有充分质量保证的。我国婴幼儿配方奶粉的标准是根据国际食品法典委员会（CAC）制定的，结合了中国婴幼儿的体质，更适合中国婴幼儿的营养需求。

4.10 新"食"代，保健食品知多少？

"缺钙、缺铁、少蛋白……每天就要来一粒"，吃保健食品，已成为当下不少家庭老少皆宜的生活日常（图149）。然而"保健食品"包罗万象，维生素、海豹油、甲壳素、西洋参等都宣传自己是"保健食品"，傻傻分不清楚，一不小心就被"忽悠"了。

那么，购买保健食品需要注意什么？在我国，保健食品是指声称具有保健功能或者以补充维生素、矿物质等营养物质为目的的食品。保健食品是适宜于特定人群食用，具有调节机体功能，不以治疗疾病为目的，并且对人体不产生任何急性、亚急性或慢性危害的食品。正规的保健食品都有一个经过国家审批的完整标签，包括生产厂家、注意事项、保健功能、适用人群、食用方法和服用计量、储藏方法、功效成分的名称及含量、保健食品批准文号、保健食品标志，以及"保健食品不可代替药品"的警示语等。其中，保健食品标志是直观表示其身份的重要特征。

图149　保健食品

1. 辨别真假保健食品，不仅要认准"蓝帽子"标志

我国保健食品有专用标志，天蓝色，呈帽形，业界俗称"蓝帽子"。只有带着"蓝帽子"标志的才是依法经过国家注册或备案的正规保健食品。而不少消费者对此并不清楚，从有关单位所做的2022年保健食品消费认知调查来看，

仅有43.2%的线下普通居民能依据"蓝帽子"专用标志来识别真正的保健食品，23.5%的消费者并不能识别典型的虚假功效宣传。正规保健食品不仅在包装上印有"蓝帽子"标识，并且标识下有可通过网络查询的保健食品批准文号。值得注意的是，虽然有些假冒保健食品也会印有"蓝帽子"，但"蓝帽子"下面没有保健食品批准文号，甚至是假编号，无法在国家食品药品监督管理总局官网查询。目前中国市场上的保健食品"蓝帽子"标志下方的批准文号有2种，第一种是由卫生部2003年以前核发，批准文号为"卫食健字××××（4位年份代码）第××××（4位顺序号）号"（国产）和"卫食健进字××××（4位年份代码）第××××（4位顺序号）号"（进口）；第二种是由国家食品药品监督管理总局2003年以后核发，2003—2016年使用的批准文号为"国食健字G××××（4位年份代码）××××（4位顺序号）"（国产）及"国食健字J××××（4位年份代码）××××（4位顺序号）"（进口）。每款产品的批准文号是唯一的。消费者在选购保健食品时，最重要的是要认准产品包装上的"蓝帽子"标志和批准文号（图150），这是能够迅速判断产品是否为保健食品的重要方法。

图150　保健食品包装上的"蓝帽子"标志和批准文号

2. 保健食品≠药品

保健食品的本质仍然是食品，虽有调节人体某种机能的作用，但它不是人们用于治疗疾病的药品。对于生理机能正常，想要维护健康或预防某种疾病的人来说，保健食品是一种营养补充剂。对于生理机能异常的人来说，保健食品可以调节某种生理机能、强化免疫系统。而药品是指用于预防、治疗、诊断人的疾病，有目的地调节人的生理机能并规定有适应证、用法和用量的物质。两者有着本质的区别。保健食品不能替代药品（图151），患病一定及时去正规医院就诊，按照医嘱规律服药！

图151　保健食品不等于药品

3. 保健食品选购指南

首先，消费者要明确自身需求，应从正规销售渠道购买经国家批准的正规保健食品。其次，要学会看标签，保健食品的产品包装上会明确标注保健功能、功效成分含量、适宜人群、不适宜人群、食用量及食用方法等信息（图152）；最后，要认准"蓝帽子"标识，并且通过国家食品药品监督管理总局官网查询注册号或备案号来辨别是否为保健食品。此外，保健食品陷阱多，消费者如果对所购买的保健食品质量安全存疑，或发现存在虚假宣传等违法行为，一定及时向当地市场监管部门咨询举报，也可拨打投诉举报电话：12315，共同维护自身的合法权益。

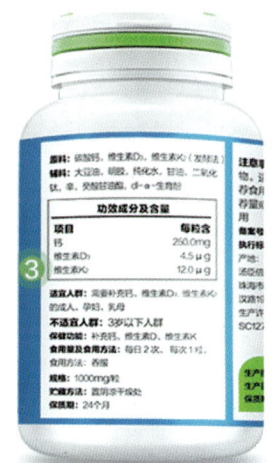

图152　保健食品标签信息

4.11　食品打上"儿童"标签，就一定安全吗？

近年来，随着人们生活水平的不断提高，食品种类繁多。很多家长出于孩子饮食健康、方便快捷的目的，热衷于购买打上"儿童"标签的食品，虽然价格不菲仍坚持购买。《2022儿童食品行业研究报告》显示，如果食品上标有"儿童"字样，84.8%的家长更愿意购买。因此为了迎合消费者需求，市面上出现了各种儿童食品，如儿童水饺、儿童牛奶、儿童奶酪棒及儿童蔬菜面条等。还有一些商品，尽管未在产品名称或标签中明确标明是"儿童食品"，但其广告语或外包装上却无不透露出其销售对象就是儿童（图153）。

到底什么是儿童食品？食品打上"儿童"标签就真的更安全、更健康、更适合孩子吃吗？并不是！

图153　儿童食品包装

1. 儿童食品，还没有国家标准

目前我国仅有针对0～36个月婴幼儿配方食品、辅食食品的安全标准。而对于3周岁以上的儿童，我国并没有出台相关国家标准。即使标注"儿童"字样或印有卡通形象的食品，也并非根据儿童生长发育的需要进行产品的设计和生产，只能按照普通食品标准进行管理。此外，2020年5月，中国副食流通协会发布《儿童零食通用要求》（T/CFCA 0015—2022），对儿童零食就原料、感官、营养成分、理化指标设定、适用性、包装量等方面进行了规范，填补了国内儿童零食标准的空白，但该标准不具有强制性。这就是说，食品包装上是否印刷"儿童食品"字样，最终是由商家做主！

2. 儿童食品，未必适合儿童

一些所谓的"儿童食品"，其成分不仅与普通食品没区别，甚至可能危害儿童健康。笔者走访了石家庄市各大超市的儿童食品专柜发现：一些面点、奶酪棒等儿童食品标签显示含有大量糖，会干扰孩子味觉神经发育，造成肥胖、龋齿；一些蜜饯、罐头类儿童食品含有较高含量的钠，会增加儿童患有高血压的风险；一些儿童调味香肠含有过多食品添加剂，会增加儿童肝脏负担。儿童零食的外包装上会使用卡通形象和"儿童"二字进行宣传和销售，但其产品标签上却并未标注产品的适用人群年龄。儿童喜欢卡通形象，家长也相信"儿童"二字，但实际上这两种标识都只是商家谋取利益的营销手段，其配料及营养成分也并非家长所认为的适合孩子。此外，变相包装儿童食品健康概念值得广大家长关注，如图154为"无糖棒棒糖"，配料表中不再是家长眼中的健康"杀手"白砂糖，而是用异麦芽酮糖醇、麦芽糖醇、木糖醇这种新食品原料进行替代，再加入赤藓糖醇、甜菊糖苷等甜味剂。这类代糖在人体内不易被分解吸收，在口腔内不能分解利用，会在一定程度上降低蛀牙的风险，确实在一定程度上解决了令家长头疼的肥胖和龋齿问题。但同样令人担忧的是各种食用香精和人工色素（柠檬黄、果绿、日落黄等），孩子们最喜欢的彩色水果味棒棒糖，多为添加剂调味调色而成，且无任何果蔬汁添加，是名副其实的"化工糖果"。因此家长为儿童选购食品时，一定要擦亮双眼。

图154 "无糖棒棒糖"标签信息

3. 看懂食品标签，正确选购儿童食品

一是看配料表，了解食品的主要原料、组成。国家标准规定配料表中的配料应按照含量从高到低排序，含量不超过2%的配料可以不按递减的顺序排列。一方面能够看出食品的主要配料是什么，另一方面能看出食品添加剂的使用情况，重点是要警惕糖的排位、注意盐含量及各类食品添加剂种类和含量。二是看

营养成分表，了解食品提供的能量和营养成分的含量值，及其营养素参考值（图155）。家长需要掌握儿童饮食方面的健康知识，学会分析食品背后的配料表和营养成分表，科学、均衡地选购真正健康、安全的儿童食品。

图155　儿童食品标签上的配料表和营养成分表

科技改变标签　未来可期

科技改变标签 未来可期 5

5.1 新材料——标签眼界触感双享受

畅饮可乐后随手丢弃的饮料瓶大约需要200年以上才能腐烂，造成严重土壤污染。塑料包装袋类垃圾焚烧所产生的有害烟尘和有毒气体会对大气造成严重污染。因此近几年，人们开始用各种手段，研究塑料的替代品和标签新载体新形式，实现包装的环保性和美观实用性的完美结合。"可再生""共生型"环保包装材料是化解这种结合的关键所在。本节根据近两年的研究，介绍未来新包装的流行趋势。

1. 脱膜的裸瓶

一般塑料瓶或玻璃瓶外表都会有一层PET塑料薄膜，用于承载食品标签信息，如果没有那层印有标签的塑料薄膜，食品就会失去产品信息的表达。因此，近两年很多企业创新推出"无标签食品"，但无标签不等于把标签彻底删除。食品标签信息可以在塑料瓶或玻璃瓶高温定型时压印；也可利用激光打印，标示于塑料瓶的表面，这样可节省外部PET塑料薄膜。图156为无标签PET瓶，瓶盖附有条形码，产品信息压印于瓶身。

图156 产品信息压印于瓶身的矿泉水

2. 人造皮革

为避免塑料膜的使用，一些高端品牌利用人造皮革来替代塑料薄膜。看上去高端大气，手触质感十足，瓶子上的"第二层皮肤"不仅环保还可保护食品免受光照的影响。标签信息可印刷或激光打印在皮革上。图157为某奢侈品牌香槟，采用创新可持续包

图157 某香槟外包装采用人造皮革

装。100%可回收生态设计的外壳包装在未来一定会激发各类食品的灵感。

3. 植物基

植物作为这个地球上存活时间最长的生物，为人类提供了食物、衣服布料、氧气。各类植物被作为可利用的材料渐渐被人们运用在包装材料中。

①玉米。可口可乐推出的PlantBottle™，是世界上首个瓶身材料由30%植物基塑料制成的PET塑料瓶。由提取自玉米蔗糖的新型原料——对二甲苯（bPX）制成，运用新工艺将其转化为对生物基苯二甲酸（bPTA）。2022年2月，可口可乐公司推出了首个瓶身由100%植物基塑料（plant-based plastic）制成的塑料瓶（图158），标志着公司旗下可持续包装的发展实现重要突破。可口可乐已承诺到2030年将实现空瓶的等量回收再利用，将用100%可回收材料制作旗下饮料包装，并确保其50%的包装材料来自于回收物。这意味着所有旧瓶将被回收并制成生产新瓶的原料。

图158　100%植物基塑料瓶

②甘蔗。2021年金典发布与利乐植物基梦幻联动的金典"甘蔗瓶盖"（图159），金典有机奶也是国内第一个使用植物基梦幻盖的产品。这款植物基瓶盖由甘蔗制成，压碎后收集汁液，再经发酵、蒸馏后得到乙醇，再聚合成聚乙烯。该瓶盖与普通瓶盖有几乎相同的外观与密封性，但其碳足迹却大大降低。植物基瓶盖可减少石油基塑料的使用，避免其生产过程中有害气体的释放，可再生、可通过回收系统再次利用，帮助环境可持续发展。

③苹果。食品外包装和饮料盒等模塑纸浆产品最大优点是可以自然降解，但随着主要生产原料——

图159　金典"甘蔗瓶盖"

科技改变标签　未来可期

废旧报纸回收的数量逐年减少，蔬果果渣的新用途也应运而生。2022年2月，美国研究人员用苹果渣等其他果蔬榨汁后的残渣作为主要原料，在生产新型环保包装材料的研究和工艺方面取得关键性进展，这一新型包装材料有望取代目前广泛使用的塑料包装材料。以苹果渣为代表的主要原料所生产的模塑纸浆产品可广泛应用于食品外卖包装、饮料箱、饮品盒以及水果蔬菜的外包装等，具有更优良的可降解性，十分符合当下的可持续环保理念。

4. 蜡质材料

图160的酒采用大面积黄色薄蜡封，瓶身贴标上的人物眼睛被隐去，增强了人物与故事的神秘感，黄色的蜡也与黑白标签形成鲜明对比，使其在货架上更具特色，整个产品的系列包装也呈现出统一性。蜡质的触感独一无二，加深了消费者的肌肉记忆及消费印象。标签可以喷印在彩色薄蜡上，再利用透明

图160　某酒包装采用黄色蜡质材料

蜡质保护标签信息不被侵蚀，更使文字变得晶莹剔透，给人一种神秘的高级视觉冲击。

新型包装材料是今后包装发展的一个主要趋势，这种趋势是对当前资源、环境现状，以及人们生活要求的一种迎合。随着不断创新，附着其上的包装标签也必然会随之改变，形成一种新的载体，同时也能升华标签的表达。

5.2　新媒体——标签也许不再劳烦眼

食品标签，除使用的材料，最终的产品文字呈现方式未来也可能形态多样，例如，食品包装上可以采用二维码等信息化手段展示食品标签，即数字标

签。其内容可以为消费者提供更全面的产品信息，如食品的详细成分、生产过程、营养价值等。包含比传统标签更多的内容，甚至在文字标识的基础上同时采取视频、语音识读等方式提供食品信息（图161）。

图161　食品增加数字标签

《食品安全国家标准　预包装食品标签通则》征求意见稿中为扩展食品标签展示形式，助力食品生产企业创新发展的需求，为消费者阅读食品标签提供便利，增加了数字标签的要求。数字标签（图162），通常通过扫码获取标签相关信息后的一级页面直接展示，其意义主要体现在以下几个方面。

消费者通过扫描数字标签，可以轻松获取产品信息，无须在包装

图162　某咖啡包装上的数字标签

上寻找和解读复杂的信息。与传统标签相比，数字标签可以更方便地进行信息更新，例如在食品安全要求发生变化时，可以快速更新相关信息。不仅如此，未来数字标签也许还可以和消费者互动，例如通过链接到企业的社交媒体页面或在线客服，提供更好的客户服务体验。呈现形式丰富多样，消费者阅读起来易于理解，且能够有助于促进食品使用方式的执行。但应注意避免弹窗广告等干扰消费

科技改变标签　未来可期　5

者阅读食品标签的信息。

此外，根据新规定，当食品企业使用数字标签正确地标示了食品生产经营者的名称、地址、联系方式、产品标准代号、执行标准号等信息时，可只在实体标签上明示相关信息见数字标签，从而减少实体标签上的信息量，使其更加简洁。尤其是当预包装食品包装物或包装容器的最大表面积小于20 cm²时，就可以利用数字标签形式来节约繁多的文字信息空间。

最重要的是，这些变化其实是在提高食品标签的透明度和可访问性，同时确保信息的准确性和合规性。对于企业来说，这意味着需要更新其标签设计和生产流程，以适应这些新的要求。

随着数字化购物的发展，未来的食品标签可能会以电子形式存在，消费者通过电子设备查看食品信息（图163），减少实体标签的使用。这种无标签趋势不仅减少了材料消耗，还提供了更为灵活和动态的信息更新方式。但同时要确保数字标签信息的准确性和安全性，这就要求食品企业建立严格的信息管理制度，制订一套完整的信息管理流程，从信息收集、审核、发布到更新，每个环节都应有明确的责任人和审核机制。

图163　消费者通过电子设备查看食品信息

而且要选择可靠、成熟、安全的技术平台来生成和管理数字标签，确保数据在传输和存储过程中的安全性。并且对数字标签中的敏感信息进行加密处理，防止未经授权的访问和数据泄露。还要定期对数字标签系统进行安全审计和检查，确保系统的稳定性和安全性。为防止可能的数据丢失或系统故障，制订数据备份和恢复计划。通过这些措施，企业可以大大提高数字标签信息的准确性和安全性，从而保护消费者的权益，同时也维护了企业的声誉和合规性。

除数字标签，还有一种新的文字展现形式：无障碍标签。食品标签创新也要兼顾对特殊群体更友好的包装，这时无障碍标签设计应运而生。这种标签设计确保了所有消费者，包括视障、阅读障碍或其他特殊需求的群体，都能平等地获取产品信息。这种包容性体现了社会的公平性和对不同群体的尊重。如图164在包装上采用盲文，利用包装上凸起的文字，抚摸轻触即可获得信息，提高了特殊消费者对产品的感知，更为人性化。相信在不久的未来，随着包装材料的不断创新，以及食品材料国家卫生标准的不断完善，食品标签也能做到以人为本，让所有人享受包装带来的各种感官享受。

无障碍标签不仅是一种法律和道德要求，也是企业社会责任的体现，它对提升产品的可达性、安全性和市场的广泛性具有重要意义。

图164　盲文标签

随着社会对无障碍环境重视程度的提高，无障碍标签设计将成为未来产品包装设计的重要趋势。而且，采用这种设计的企业也展现了对社会责任的承担和对消费者需求的关注，有助于提升品牌形象和消费者忠诚度。无障碍标签设计在未来可推动企业和技术供应商不断创新，开发出更加人性化、智能化的标签解决方案，从而推动整个行业的发展。

5.3　新设备——标签智能AI与个性化定制

随着科技的不断进步和消费者对健康饮食的关注度日益提高，食品标签的未来展现形式将发生重大变革。在不久的将来，食品标签不仅仅局限于提供基本的成分和营养信息，而是成为一个全方位、互动式的信息平台。这些标签将能够提供更加详尽的产品信息，包括食品的来源、生产过程、营养价值、以及可能的健康影响，使得消费者在选购食品时能够做出更加明智和符合个人需求的选择。

未来的食品标签将更加智能化，借助物联网、大数据等技术，实现食品信

科技改变标签　未来可期 5

息的实时更新和溯源。标签上的二维码或RFID（射频识别）芯片将包含更多详细信息，如食材来源、生产日期、保质期、营养成分等。消费者通过手机扫描，即可了解食品的"前世今生"，确保食品安全（图165）。

未来食品标签可能会与智能包装技术相结合，实现包装本身对食品新鲜度的监测。例如，标

图165　未来更加智能化的食品标签

签上的指示器可以根据食品内部温度、湿度或细菌生长情况的变化而变色，直观地告诉消费者食品的状态。

未来的智能标签将具备更多互动性与娱乐性，为消费者带来全新的购物体验。例如，标签上的AR技术可以让消费者通过手机看到食品的制作过程，了解企业文化；标签上的小游戏则可以让消费者在购物过程中获得乐趣，提高购买意愿，同时还可以教育消费者关于健康饮食的营养知识。

此外，增强现实（AR）体验也有可能和标签进行强绑定，比如未来消费者通过智能手机或AR眼镜扫描标签，可以观看食品的3D模型、了解食品的生产过程、营养成分的视觉化展示，甚至可以模拟食品的制造、加工、包装过程，提供更为丰富和互动的购物体验。进一步的，如果未来集成语音识别技术应用，消费者可以通过语音命令获取食品信息，为视障或不便使用手机的用户提供便利。

甚至，未来的食品标签也许还是一种社交平台的载体：标签可以整合社交媒体功能，允许消费者分享他们的购买体验或食品评价，增加品牌的社交传播。

随着生物技术和健康监测技术的发展，以及消费者对个性需求的日益关注，未来的智能食品标签将更加注重个性化。根据消费者的喜好和需求，利用人工智能和大数据分析，再依据消费者的基因、生理状态、健康状况、饮食习惯和口味偏好等信息，提供个性化的营养建议和饮食指导。例如，标签上的数据可以与消费者的健康数据相结合，为其推荐合适的食品，助力健康饮食。当然，这需要食品标签与健康管理平台的数据互通和智能分析。

一方面，定制具有特色的标签设计，提升产品形象；另一方面，标签上的信息将更加精准地满足消费者对食品成分、营养价值和食用方法等方面的需求。

而且个性化标签还能实现消费者与企业的互动。例如，通过扫描标签上的二维码，消费者可以参与企业的线上活动、领取优惠券等，提高品牌忠诚度（图166）。

总之，现代高科技互动元素的注入，食品标签的未来发展将是一个多技术融合、个性化、环保可持续和数字化并行的过程。未来展现形式将更加智能化、个性化，并具备分享与娱乐。食品标签也将成为一个多功能的平台，不仅提供信息，还能增强消费者体验，促进消费者与品牌之间的互动。企业应紧跟时代的发展趋势，不断创新，以满足消费者日益进步的多样化需求。同时，政府和社会各界也要共同努力，推动食品标签行业的创新和健康发展，为消费者提供安全、健康、便捷的购物体验，更好地服务人民，保障食品安全，促进健康生活方式的形成。

图166　定制具有特色的食品标签

5.4 新变革——助力食品安全　给标签打上科技"烙印"

食品安全问题是关乎消费者生命健康的大事，安全的食品是"产"出来的，也是"管"出来的，但无论是生产还是监管，都离不开科技的支撑。食品安全这张网越织越密，老百姓的餐桌安全保障也愈加充分。

5.4.1　科技"食践"守护舌尖安全

解决食品质量问题要依靠科技，保障食品安全同样要依靠科技。二维码溯源在食品安全中发挥着重大的作用。消费者只要用手机扫描一下产品上的二维码，就可以看到产品名称、数量、企业信息等基本情况。可以说，二维码正是食品的"身份证"（图167）。

科技改变标签　未来可期

图167　溯源二维码正是食品的"身份证"

从水果到冷链食品、从大米到白酒、从肉类到预制食品……二维码的应用越来越常见。二维码的应用不仅是让消费者买得放心，更有效帮助企业打击市场上流窜的各种假冒伪劣产品，保护品牌权益、提升品牌价值。

1. 食品追溯二维码的优势

通过食品追溯二维码，消费者可以实时获取产品的生产配方、质量检测等信息，增加产品的透明度，提升了消费者对产品的信任度。一旦出现食品安全问题，可以通过追溯二维码进行快速溯源，确定问题源头，迅速采取措施，减少风险扩散。

食品生产企业可以实时记录生产、流通等环节的信息，提高食品生产和供应链的管理效率，降低运营成本，促进供应链各环节的信息共享和协同，实现供应链的可追溯性和可管理性。

2. 食品追溯二维码的实现方式

实现食品追溯二维码主要依靠标签技术和数据可视化。

①标签技术：通过在食品包装上粘贴或印刷二维码标签，每个产品都被赋予一个"唯一"的识别码，从而实现对产品全生命周期的追溯。

②数据可视化：通过将追溯到的信息进行整理和处理，将其以图表、地图等形式展示给用户，帮助用户更直观地了解产品的来源、质量等关键信息。

5.4.2　你身边的食品追溯二维码

1. "一罐一码"让每罐奶粉都是放心的

奶粉作为婴幼儿的刚需产品，市场需求量巨大，也由此催生出许多利益链。不少黑奶粉以次充好混入其中，产品造假、经销商窜货等现象极其严重。"一罐一码"，通过给予产品一个二维码，一码赋能，精细追踪每件商品，实现对流通渠道中各个环节的管理；实时掌握产品信息，问题商品快速召回，渠道库存及时掌握（图168）。通过赋码设备采集每一罐包装上的产品批号、保质期、生产日期、原产国、入境检验检疫及产品奶源地等信息。成功将这些信息存储到二维码追溯系统，为奶粉全流程追溯提供追溯凭证。能实现产品从厂家到经销商全程供应链信息的追溯，杜绝产品造假、经销商窜货等现象出现。消费者只需要购买时，扫一扫包装上的二维码，就能获悉奶粉的原产地、采集、生产过程、质量检测、包装、运输、销售等一系列详细信息，做到每一罐奶粉都是放心奶。

图168　奶粉罐上的"二维码"

2. 品牌大米"一码锁定"防伪溯源

为了让消费者分清真假"李逵"，某大米溯源防伪体系，实行总量控制，全面推行"一码锁定"防伪溯源体系，实现五常大米从种植到收割、从生产到销售的全程监控。消费者购买时，只需用手机扫一下溯源防伪码（图169），就可以轻松识别某大米身份，并能追溯出稻米从种子到餐桌的全过程。

图169　某大米溯源防伪码

3. "一码"解决茶叶品牌防伪溯源

茶叶品牌为了保护消费者的权益,可以采用防伪溯源二维码标签来进行验证。当消费者使用手机扫描标签上的二维码时,系统会自动识别二维码信息,并返回商品的详细信息,包括生产日期、生产地点、生产批次等;消费者可以通过与茶叶品牌官方数据库进行比对,确认茶叶的真伪;并且可以追溯茶叶的生产环境、质检记录等信息。茶叶有了二维码防伪溯源系统,对建立企业的品牌知名度和忠诚度大有帮助,进一步增强了消费者对茶叶品牌的信任度和终端产品的监控(图170)。

食品安全问题备受关注,为了确保消费者的健康和权益,国家把二维码溯源系统作为一种有效的技术手段,通过给标签打上科技"烙印",帮助企业实现产品全程可追溯,提高食品安全质量,从而为食品安全助力。

图170　某茶叶溯源防伪二维码

5.5　新分级——营养分级引领健康

消费者层面,健康俨然成为了近几年消费偏好的主旋律。人们对于很多食品有了很高的要求,比如饮料:尽管种类繁多、口味诱人,消费者也要警惕其中暗藏的健康风险,合理控制饮料的摄入量,尤其是在儿童和青少年中,更应该鼓励他们选择水、低脂牛奶或无糖茶饮等更健康的饮品。

2023年8月,上海率先试点含糖饮料"分级",通过设置含糖饮料健康提示"红橙绿"系列标识,在全市150余家含糖饮料的售卖场所进行试用,提醒消费者理性选择饮料产品。2024年3月,上海市疾病预防控制中心宣布,其研制的饮料"营养选择"分级标识试点项目已启动,通过标注A、B、C、D四个等级(图171),综合反映饮料中糖、脂肪等成分的情况,旨在帮助消费者选择更健康的饮料。

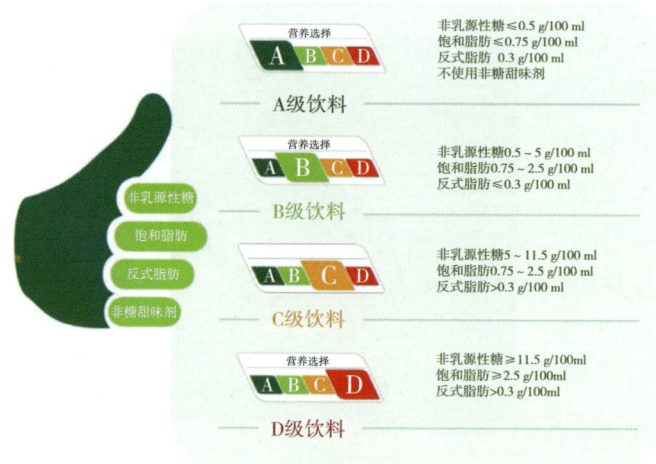

图171　饮料"营养选择"分级识别

英国已于2004年开始实行营养分级,目前在英国和爱尔兰已经广泛使用。该模式经过英国食品标准机构(FSA)长期的研究和发展而形成,以产品的主要营养物质(脂肪、饱和脂肪酸、糖、盐)含量作为参考值,根据含量以交通灯的三种颜色(红、黄、绿)标识,信息简单明了,便于消费者辨别。英国营养分级参考标准如图172。

文本	低	中	高	
颜色	绿	黄	红	
脂肪	≤3.0 g/100g	>3.0 ~ ≤17.5 g/100g	>17.5 g/100g	>21 g/100g
饱和脂肪酸	≤1.5 g/100g	>1.5 ~ ≤5.0 g/100g	>5.0 g/100g	>6.0 g/100g
(总)糖	≤5.0 g/100g	>5.0 ~ ≤22.5 g/100g	>22.5 g/100g	>27 g/100g
盐	≤0.3 g/100g	>0.3 ~ ≤1.5 g/100g	>1.5 g/100g	>1.8 g/100g

图172　英国营养分级参考标准

科技改变标签　未来可期

新加坡饮料标签分级新规于2022年12月30日起实施（图173）。新加坡指定场所售卖的所有现调饮料都必须根据饮料的糖及饱和脂肪含量贴上营养等级标签，从而帮助消费者选择更健康的饮料。

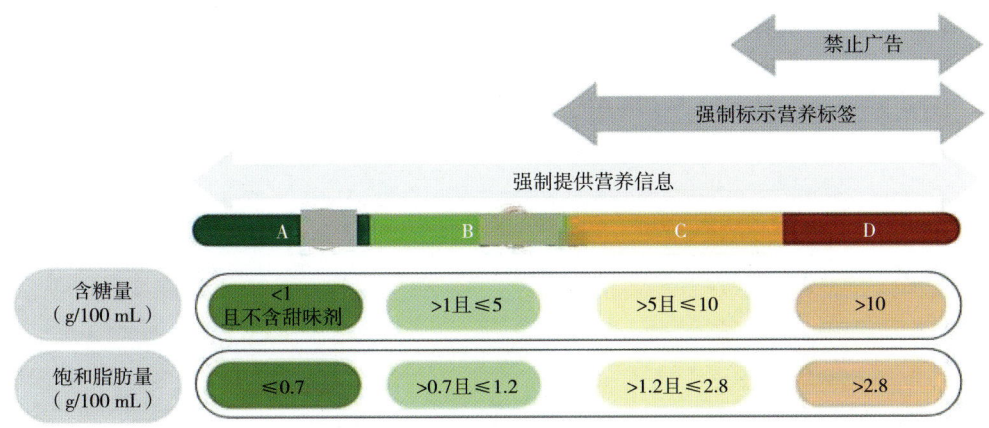

注1：经营小型食品业务的个人和实体将获得特许权，涉及销售新鲜配制的营养品饮料。
注2：饮料含糖量=总含糖量−营养信息表上声明的乳糖和/或半乳糖的量。

图173　新加坡饮料标签分级（2022年12月30日）

上海市"营养选择"饮料分级方法就是参考了国内外标准，考虑到饮料营养成分分布及人群饮料摄入情况，最终根据饮料中非乳源性糖、饱和脂肪、反式脂肪、非糖甜味剂的含量对饮料进行综合分级，每个等级的划分都基于这些成分的含量，从A级到D级，推荐程度逐级递减。其中A级表示最健康，D级表示最不健康。例如，A级饮料的每100 mL非乳源性糖含量不得超过0.5 g，饱和脂肪酸不得超过0.75 g，反式脂肪酸含量不得超过0.3 g，且不得使用非糖甜味剂。

这种分级系统有助于消费者更直观地了解饮料的营养价值，从而可能会更加积极地参与食品选择过程，通过分级标识来表达对健康食品的需求和偏好。例如，如果某款饮料的非乳源性糖含量较高，那么它的总体评级就会较低。这种评价方法更注重食物的营养素密度，有利于人们在相同品类中优选出营养素最密集的产品。

上海市"营养选择"分级标识由上海市卫生健康委员会指导、上海市疾病预防控制中心研制，目前在上海正处于试点项目阶段（图174）。已有几家企业参与了这个标识的试点项目，未来将会在更多饮料包装和销售点上看到这个标识。值得注意的是，虽然这个分级系统为消费者提供了有益的指导，但它并不是万能的。消费者在选择饮料时，仍需考虑个人健康状况和整体饮食结构。

饮料"营养选择"分级确实推动了整个食品产业链向更健康方向发展。伴随上海试点推进，政策引导的企业升级迭代必将加剧，未来将引领行业走上更健康、更良性的发展轨道。未来会有更多的食品，不仅针对糖类分级，还包括对各种营养成分进行分级。

图174　上海市试点饮料"营养选择"分级标签

与此同时，分级标识可能会促使食品、饮料行业与卫生健康部门、教育机构、研究机构等合作，共同推动营养教育和健康食品的发展。随着时间的推移，研究人员可以通过分级标识系统收集数据，评估其对人群饮食习惯和健康状况的长期影响。如果该系统在上海市乃至全国取得成功，将助力我国大众健康生活。

总之，对消费者来说，食品标签的意义重大。现代人消费的包装食品越来越工业化，包装上的营养成分表和配料表是消费者唯一用来判断它是否健康的信息来源。而营养分级标识可以通过提供透明和易于理解的营养信息，帮助消费者做出更健康的选择，并推动食品行业向更健康的方向发展。随着系统的成熟和消费者的适应，分级标识在未来可能会扩展到其他食品类别。教育系统也可以考虑将分级标识系统纳入营养教育课程，帮助人们从年少时就开始建立健康的饮食习惯，从而为未来的健康社会奠定坚实的基础。

让我们共同展望食品标签的未来，一起揭开健康饮食的新篇章，携手迈向更加透明、更加智慧的食品选择新时代！